Praticar Português

Nível Elementar

HELENA LEMOS

Lidel – edições técnicas, lda

EDIÇÃO E DISTRIBUIÇÃO

Lidel – edições técnicas, lda

ESCRITÓRIO: Rua D. Estefânia, 183, r/c Dto. – 1049-057 Lisboa
    Internet: 21 354 14 18 – livrarialx@lidel.pt
    Revenda: 21 351 14 43 – revenda@lidel.pt
    Formação/Marketing: 21 351 14 48 – formacao@lidel.pt/marketing@lidel.pt
    Ensino Línguas/Exportação: 21 351 14 42 – depinternacional@lidel.pt
    Linha de Autores: 21 351 14 49 – edicoesple@lidel.pt
    Fax: 21 352 26 84

LIVRARIA: Av. Praia da Vitória, 14 – 1000-247 Lisboa – Telef. 21 354 14 18 – Fax 21 317 32 59 – livrarialx@lidel.pt

Copyright © janeiro 2013 (2.ª Edição revista); maio 2001 (1.ª Edição)
Lidel – Edições Técnicas, Lda.
ISBN 978-972-757-962-4

Pré-Impressão: Carlos Mendes
Impressão e acabamento: Cafilesa – Soluções Gráficas, Lda. – Venda do Pinheiro
Depósito Legal: 353709/13

Capa: José Manuel Reis

Ilustrações: Ivo Lopes

INTRODUÇÃO

«Praticar Português» contém 133 atividades linguísticas variadas, que permitem ao aluno praticar e consolidar as estruturas básicas da língua portuguesa. Destina-se a alunos de Português Língua Estrangeira de nível elementar e pode ser usado na sala de aula ou para trabalho individual em casa.

Para facilitar a sua utilização em situações de autoaprendizagem, foi incluído um capítulo com «informações suplementares», onde se indicam algumas estruturas e vocabulário importantes para a realização das atividades assinaladas com o símbolo ⓘ.

O vocabulário sugerido não se encontra na ordem nem na forma correta. A sua seleção e as alterações necessárias (género, número, etc.) deverão ser feitas pelo aluno.

Este capítulo pode ser consultado antes, durante ou mesmo depois da realização do exercício, permitindo assim a autocorrecção.

No final do livro, são apresentadas correções para todas as atividades. No entanto, estas devem ser, em certos casos, utilizadas como exemplos de respostas possíveis, dado que muitos exercícios permitem uma grande diversidade de respostas.

INTRODUÇÃO

LISTAGEM DE EXERCÍCIOS

1. Quem são eles?

Complete o texto.

Eu _____ o Luís. _____ port_____, de F_____.
Eu _____ prof_____.
A Carmen _____ esp_____, _____ Sevilha.
Ela _____.
A Francesca e a Lucia _____
_____.
O Ralf e o Andreas _____
_____.
A Anne _____
_____.
O Peter _____
_____.

2. Que língua fala?

Faça frases do tipo: *Eu sou portuguesa. Falo português.*

1. O John		chinesas.		português.
2. Nós	são	americano.	Falam	alemão.
3. Elas	é	brasileiro.	Falas	espanhol.
4. Vocês	és	espanhóis.	Fala	japonês.
5. Ela	somos	alemães.	Falamos	inglês.
6. Tu		japonesa.		chinês.

3. Muito prazer! ⓘ

Complete com os verbos *ser* e *falar.*

1. Marta   – A senhora _____ a Dr.ª Braun?
   Dr.ª Braun   – _____, sim.
   Marta   – Marta Simões. Muito prazer.
   Dr.ª Braun   – Muito prazer.
   Marta   – A senhora não _____ portuguesa?
   Dr.ª Braun   – Não, não. _____ alemã.
   Marta   – A senhora _____ bem português! Eu não _____
           alemão...

2. Lorenzo   – Bom dia. Vocês _____ alunas?
   Valérie e Michelle – _____.
   Lorenzo   – Eu _____ o Lorenzo. _____ italiano.
   Valérie   – Olá! Eu _____ a Valérie.
   Michelle   – E eu _____ a Michelle.
   Lorenzo   – Vocês _____ francesas?
   Michelle   – Eu _____, mas a Valérie _____ belga.
   Lorenzo   – Vocês _____ bem português?
   Valérie   – _____ um pouco...

4. Bom dia!

Ordene as frases para formar dois diálogos.

– Bem, obrigada. E o senhor?

– Também, obrigada.

– Olá, estás bom?

– Também estou bem, obrigado.

– Estou ótimo. E tu?

– Bom dia. Como está?

1. Sr. Santos – _____
   D. Isabel – _____
   Sr. Santos – _____

2. Catarina – _____
   Manuel   – _____
   Catarina – _____

5. Ele está...

6. Onde é que estão? ⓘ

1. *O João está no cinema.*

2. Eu _____ _____

3. Vocês _____ _____

4. Tu _____ _____

5. Eles _____ _____

6. A senhora _____ _____

7. Diálogos ⓘ

Complete com as palavras do exercício 5 e outras palavras apropriadas.

1. – Onde é que _____ o Sr. Peixoto?
   – _____ _____ casa. _____ doente.

2. – _____ é que _____ a Sónia e a Cláudia?
   – _____ se_____ no sofá. _____ ca_____ .

3. – A Dr.ª Raquel _____ _____ café?
   – Não, _____ _____ escritório. _____ muito
     oc_____ .

4. – O João e o Luís _____ _____ escola?
   – Não, _____ _____ piscina. _____ muito
     co_____ !

8. Onde mora?

ⓘ

Nome:	José	Maria e Carlos	Dr. Ribeiro	D. Lurdes e Sr. Lopes
Onde mora / moram?	Lisboa casa	Porto apartamento	Rio de Janeiro apartamento	Faro casa
Onde trabalha / trabalham?	hotel	empresa de transportes	agência de viagens	banco

1. *O José mora em Lisboa, numa casa. Trabalha num hotel.*
2. _____ .
   _____ .
3. _____ .
   _____ .
4. _____ .
   _____ .

9. É português?

moro	engenheiro	numa	é	sou	senhor
holandesa	em	trabalho	mora	holandês	

– O _____ não _____ português?

– Não, _____ _____ .

– Trabalha _____ Portugal?

– Sim, sou _____ e _____ empresa _____ .

– _____ em Lisboa?

– Não, _____ em Sintra.

10. No museu

Complete o diálogo entre o Pedro e o pai.

telefone	rádio	relógio	candeeiro
~~máquina fotográfica~~		bicicleta	

1. Pedro – *O que é isto?*
   Pai   – *Isso é uma máquina fotográfica.*
2. Pedro – _____ isso?
   Pai   – _____.
3. Pedro – _____ aquilo?
   Pai   – _____.
4. Pedro – _____?
   Pai   – _____.
5. Pedro – _____?
   Pai   – _____.
6. Pedro – _____?
   Pai   – _____.

11. Opostos

ⓘ

Observe as figuras e complete o quadro.

	R					1	E					
		L				2		I				
	U					3			R			
	I					4			S			
S				T		5	A					
	R					6		G				
	A					7			T			
	E					8	O					
	V					9	P					

1.

2.

3.

4.

5.

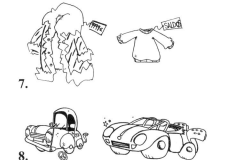

6.

7.

8.

9.

12. Onde está o pássaro?

13. Os gatos da D. Antónia

A. Complete o quadro com os números e os artigos.

____ - ____ janela	____ - ____ jarra	____ - ____ televisão
____ - ____ relógio	____ - ____ candeeiro	____ - ____ gaveta
____ - ____ estante	____ - ____ livros	____ - ____ sofá
____ - ____ armário	____ - ____ quadro	____ - ____ almofada

B. A D. Antónia tem doze gatos. Onde é que eles estão?

_____

_____

_____

_____

_____

_____

_____

_____

_____

14. Está aberto?

Observe os desenhos e faça frases com as palavras do quadro na forma correta.

vazio	limpo	aceso	desligado	fechado	sujo
aberto	quente	ligado	apagado	cheio	frio

1. _____
2. _____
3. _____
4. _____
5. _____
6. _____
7. _____
8. _____
9. _____
10. _____
11. _____
12. _____

15. Ser ou estar (1)?

A. Complete o esquema.

O livro
| é
| está

interessante.
dentro da pasta.
grosso.

As chávenas
| são
| estão

vazias.
em cima da mesa.
brancas.

O casaco
| é
| está

preto.
comprido.
sujo.

A televisão
| é
| está

ligada.
grande.
na sala.

As portas
| são
| estão

largas.
abertas.
castanhas.

B. Faça frases corretas.

1. O Sr. Gonçalves		médica.
2. A Carla	é	sentadas no sofá.
3. Os amigos do Pedro		em casa.
4. As crianças	são	muito ocupada.
5. O Vítor	está	portugueses.
6. Os meus colegas		cansado.
7. A D. Isabel	estão	muito alto.
8. A secretária		simpáticos.

16. Ser ou estar (2)?

Observe a figura e faça frases (afirmativas ou negativas), usando as seguintes expressões na forma correta:

baixo	em pé	ligado	magro	aberto	em cima
confortável	largo	ao lado	comprido	cheio	aceso

1. _____
2. _____
3. _____
4. _____
5. _____
6. _____
7. _____
8. _____
9. _____
10. _____
11. _____
12. _____

17. Plural

ⓘ

A. O que é que o Sr. Fernandes está a ver?

Duas chávenas,

_____
_____
_____
_____
_____
_____
_____
_____
_____
_____
_____
_____
_____
_____
_____
_____

B. Continue de acordo com o exemplo.

1.	3 × um colega espanhol	=	_três colegas espanhóis_
2.	4 × um filme bom	=	_____
3.	5 × um restaurante português	=	_____
4.	8 × uma reunião importante	=	_____
5.	11 × uma mulher jovem	=	_____
6.	13 × um papel branco	=	_____
7.	15 × um homem feliz	=	_____
8.	16 × um cartão especial	=	_____
9.	17 × um turista alemão	=	_____
10.	19 × um rapaz simpático	=	_____

18. Quanto custa?

Leia o diálogo e escreva os preços nas etiquetas.

João	– Quanto custa este saco?
Empregada	– Custa trinta euros.
João	– E aquele?
Empregada	– Aquele custa só vinte euros.
João	– Qual é o preço daquela camisola?
Empregada	– Sessenta euros.
João	– E qual é o preço dessa aí?
Empregada	– Esta custa setenta e cinco euros.
João	– Quanto custam estes sapatos?
Empregada	– Esses custam oitenta euros. Mas estes aqui custam só cinquenta.
João	– Qual é o preço destas luvas?
Empregada	– Vinte e cinco euros.
João	– E daquelas ali?
Empregada	– Trinta e cinco euros.
João	– Quanto custam esses óculos?
Empregada	– Oitenta e cinco euros. E aqueles custam setenta.
João	– E ...
Empregada	– Essa bola custa dez euros e esta custa quinze!

19. De quem é esse caderno? ⓘ

Observe a figura e complete o diálogo.

1. Mãe — *De quem é esse caderno?*

   Joana — *Este caderno é do António.*

2. Mãe — De quem _____?

   Joana — _____ Daniela.

3. Mãe — _____?

   Joana — _____ Fernando.

4. Mãe — _____?

   Joana — _____ Daniela.

5. Mãe — _____?

   Joana — _____ António.

6. Mãe — _____?

   Joana — _____ Fernando.

7. Mãe — _____?

   Joana — _____ também _____ Fernando.

20. Qual é a ordem?

Ponha as palavras em ordem para formar frases corretas.

1. livro Pedro é do esse não

2. num moramos novo nós apartamento

3. português aquela fala não senhora

4. em da telefone cima está o mesa

5. Sr. Pinto é o onde que está?

6. o banco Jorge num trabalham Raul o e

7. gaveta as da estão canetas dentro

1. _____ .
2. _____ .
3. _____ .
4. _____ .
5. _____ .
6. _____ .
7. _____ .

21. Singular e plural

A. SINGULAR	**B.** PLURAL
1. Aquela senhora está muito cansada.	_____
2. _____	Nós não estamos doentes.
3. Eu sou médico e trabalho em Coimbra.	_____
4. _____	Esses senhores são alemães, mas moram em Portugal.

22. É meu

A. Complete as frases da 1.ª coluna com o verbo *ter*.

B. Faça corresponder as duas séries de frases, escrevendo o número no local correto.

1.	Eu _____ uma bicicleta.	
2.	Nós _____ um computador.	
3.	A Sónia e a Carla _____ um barco.	
4.	O Jorge _____ uma mota.	
5.	Tu _____ uma máquina fotográfica.	
6.	O senhor _____ uma câmara de vídeo.	
7.	Vocês _____ um carro.	
8.	A Cristina _____ um telemóvel.	
9.	Tu _____ um cão.	
10.	O Sr. Pinto e a D. Rosa _____ uma casa.	

É dele.
É sua.
É nosso.
É deles.
É teu.
É minha.
É dela.
É delas.
É vosso.
É tua.

23. Esse livro é seu?

Complete os diálogos de acordo com o exemplo.

1. – *Esta pasta castanha é do Augusto?*
   – *Não, essa pasta não é dele.*
     A pasta dele é preta.

2. – Esse casaco comprido é seu?
   – Não, _____.
     _____ é curto.

3. – Aquele carro vermelho é vosso?
   – Não, _____.
     _____ é branco.

4. – Estes óculos são da Alexandra?
   – Não, _____.
     _____ são escuros.

5. – Aquela casa com piscina é do Sr. Ribeiro e da D. Fernanda?
   – Não, _____.
     _____ não tem piscina.

24. Tem um carro?

Está a fazer perguntas ao Sr. João Tavares. Observe a figura e complete os diálogos. Use o verbo *ter*, os possessivos e outras palavras apropriadas.

1. – Vocês _____ uma casa?

   – Não, nós não _____ uma casa. _____ um apartamento.

   – Quantos quartos _____ o _____ apartamento?

   – O _____ apartamento _____ três quartos.

2. – Vocês _____ ?

  – Nós _____ filha e _____ .

  – Quantos anos _____ a _____ filha?

  – A _____ filha _____ 2 anos.

  – E quantos anos _____ filho?

  – O _____ .

3. – João, _____ ?

  – Sim, eu _____ .

  – De que cor _____ carro?

  – O _____ preto.

  – E a _____ mulher também _____ ?

  – Sim, ela _____ .

  – De que cor _____ ?

  – O _____ vermelho.

4. – Vocês _____ ?

  – Não, _____ .

  – Como _____ ?

  – Os _____ .

5. – _____ ?

  – _____ .

  – Qual é o número do _____ telemóvel?

  – O _____ 978.473.500.

  – E a _____ também _____ ?

  – Sim, ela _____ .

  – E _____ ?

  – O número _____ 948.550.721.

25. A família do Ricardo

Observe a figura e complete o texto com:

_____ verbos *ser* ou *ter*

_____ possessivos + vocabulário da família.

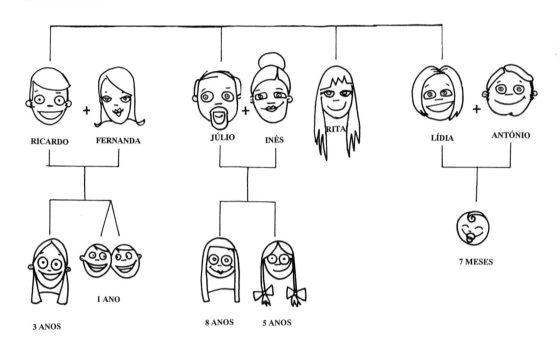

Eu chamo-me Ricardo e esta _____ a _____ família.

Eu _____ casado e a _____ _____ chama-se Fernanda. Nós

_____ uma _____ e dois _____ . A _____ _____

_____ 3 anos e os _____ _____ _____ 1 ano.

Eu _____ um _____ , o Júlio, e duas _____ , a Rita e a Lídia.

O _____ _____ também _____ casado. A _____ _____

chama-se Inês. Eles _____ duas _____ . As _____ _____

_____ 5 e 8 anos.

As _____ _____ _____ mais jovens. A Rita _____ solteira,

mas a Lídia _____ casada. O _____ _____ chama-se António.

Eles _____ um _____ . O _____ _____ _____ 7 meses.

26. Quantos há?

Observe o mapa desta cidade e faça frases de acordo com o exemplo.

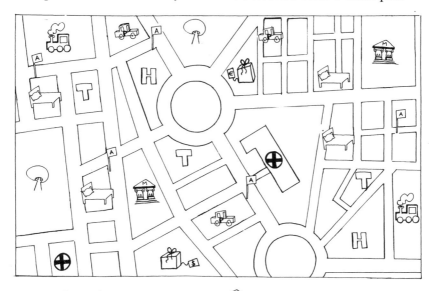

- posto de turismo
- hotel
- pensão
- centro comercial
- parque de estacionamento
- museu
- jardim
- hospital
- estação
- paragem de autocarros

Nesta cidade,

1. *há três postos de turismo.*
2. _____ .
3. _____ .
4. _____ .
5. _____ .
6. _____ .
7. _____ .
8. _____ .
9. _____ .
10. _____ .

27. O que há?

Complete as frases. Use *há*.

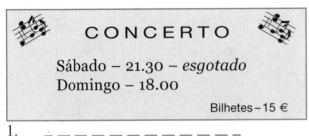

CONCERTO

Sábado – 21.30 – *esgotado*
Domingo – 18.00

Bilhetes – 15 €

1.

PRATOS DO DIA

• ~~Pescada grelhada~~

• Vitela assada

2.

Locais a visitar na região:

• Castelo
• 2 Igrejas românicas

Alojamento:

• Hotel
• Pousada

O parque de campismo está encerrado para obras

3.

1. Não _____ para sábado, mas _____

_____.

2. Neste restaurante, _____

_____.

3. _____

_____ para visitar.

Para dormir, _____

_____.

28. Há ou tem?

1. _____ seis cadeiras na sala.

2. Ele _____ um sofá muito confortável.

3. Quantos quartos _____ o seu apartamento?

4. Quantos museus _____ nesta cidade?

5. Hoje, _____ uma festa em casa do Daniel.

29. Analogias (1)

1.	português	– nacionalidade	médico – _____
2.	grande	– pequeno	velho – _____
3.	piscina	– na	cinema – _____
4.	espanhol	– espanhola	japonês – _____
5.	Lisboa	– cidade	Portugal – _____
6.	jardim	– jardins	jornal – _____
7.	dois irmãos	– quantos?	no restaurante – _____
8.	em cima	– debaixo	à frente – _____
9.	ela	– o carro dela	o senhor – _____
10.	comprido	– ser	fechado – _____

30. Qual é a palavra diferente?

1. engenheiro   colega   dentista   mecânico

2. atrás   debaixo   dentro   fechado

3. sou   estão   tenho   moro

4. cadeira   sala   cozinha   quarto

5. essa   vossa   meu   deles

6. mãe   marido   amigo   irmão

7. estante   mesa   armário   livro

31. Encontre as diferenças ⓘ

Observe as duas figuras e indique as diferenças.

A.

B.

_____

_____

_____

_____

_____

_____

_____

_____

_____

32. Fala ou está a falar?

Complete as frases com os verbos apropriados na forma correta (presente do indicativo ou *estar a* + infinitivo).

| estudar | falar | jogar | tocar | tomar | trabalhar |

1. Ele _____ *fala* _____ inglês, francês e português.

   Neste momento, _____ português com os colegas.

2. São 8.30. Nós _____ o pequeno-almoço.

   Nós _____ sempre o pequeno-almoço às 8.30.

3. O Henrique _____ viola e piano.

   Neste momento, _____ piano.

4. Hoje é sábado e eles _____ golfe.

   Eles _____ golfe todos os sábados.

5. Neste momento, ela _____ no quarto.

   Ela _____ muito e tem sempre boas notas.

6. Nós _____ das 9.00 às 17.00.

   Agora, são 10.30 e nós _____ .

33. O que estão a fazer?

Observe a figura e complete o texto.

O Sr. Antunes e a D. Sílvia _____ dois filhos e duas _____. A mãe _____ D. Sílvia também mora _____ eles.

Hoje _____ domingo e são dez horas da manhã. O dia _____ bonito.

O Sr. Antunes está _____ jardim. Ele _____ a lavar o _____.

A D. Sílvia _____ cozinha. Está a _____ café. A mãe _____ está _____ sala. Está _____ no sofá e está _____ _____ televisão. As meninas também _____ sala, sentadas à mesa. Elas _____ o pequeno-almoço. O cão está _____ no chão, _____ da mesa. Está a _____.

Os rapazes _____ no primeiro _____. Um está _____ _____ no _____ e o irmão _____ a _____ os dentes _____.

34. A que horas?

	Ana	mãe	pai		Ana	mãe	pai
Acordar	8.10	7.40		**Acabar o trabalho**	18.15	18.00	18.30
Começar a trabalhar	9.15	9.30	9.00	**Chegar a casa**	18.40		18.55
Almoçar	13.20		12.30	**Jantar**	20.00		

Está a fazer perguntas à Ana sobre os horários da família. Complete o diálogo.

1. – Ana, a que horas é que vocês _____?
   – Eu _____ às oito e dez. Os meus pais _____
   _____ às sete e _____.

2. – A que horas é que tu _____ a trabalhar?
   – _____.
   – E os teus pais?
   – O meu pai _____ e a
   _____.

3. – A que horas _____ vocês _____?
   – Eu e a minha mãe _____.
   O _____.

4. – _____ é que tu _____?
   – _____.
   – Os teus pais também _____?
   – Não. _____
   _____.

5. – E _____ vocês _____?
   – Eu e a minha mãe _____
   e _____.

6. – _____ vocês _____?
   – Nós _____.

35. Horários

① **O bom doce**
Pastelaria

Horário de funcionamento:
Abertura: 9.00
Encerramento: 20.00
Descanso semanal: Domingo

PORTUGAL – AIR
Voos domésticos

LISBOA – FARO

PRA 567 – 9.50 – 10.25
PRA 583 – 11.30 – 12.05 ②

C I N E M A

③

Sala 1:

O INVERNO

PASSADO

Sessões:
15.15, 18.45, 21.50

Duração: 2h05m

❖

Preço dos bilhetes:
1.ª Sessão–3,5 €
Outras Sessões–5 €

Leia os textos e complete os diálogos. Use os verbos *ser, abrir, fechar, partir, chegar, começar, acabar* e outras palavras apropriadas.

1.
– Desculpe, _____ a pastelaria, de manhã?
– _____ nove horas e _____ oito da noite.
– E está _____ todos os dias?
– Não, ao domingo está _____ .
– Obrigado.

2.
– Boa tarde. Eu queria uma informação. _____
o avião para Faro?
– O primeiro _____ nove e cinquenta.
– E _____?
– _____ dez e vinte e cinco.
– E o seguinte?
– _____ e _____
_____.
– Obrigada.

3.

– Por favor, _____ o filme?

– A primeira sessão _____ quinze e quinze.

– E _____?

– Às dezassete e vinte.

– E a última _____?

– _____ vinte e uma e cinquenta e _____
_____ vinte e três e cinquenta e cinco.

– Então, queria dois _____ para a _____,
se faz favor. _____?

– _____ sete euros.

36. Frases cortadas (1)

Faça frases corretas.

1. O Carlos nunca	escrevo	às nove horas.
2. Nós	trabalham	num banco.
3. O comboio	compreendem	bem português.
4. Os meus vizinhos	bebe	torradas ao pequeno-almoço?
5. Tu	gostam	os livros na página 17.
6. Vocês não	abrimos	de música clássica?
7. Eu não	comes	em Portugal.
8. Eu e a minha família	parte	muitas cartas.
9. Os senhores	ficas	café depois do almoço.
10. Tu	vivemos	em casa hoje à noite?

37. Perguntas (1)

Complete as perguntas e encontre as respostas.

o que	que	qual	quem	como	de quem
onde	de onde	quando	quanto	quantos	

1. _____ é este casaco?   ☐ São nove e meia.

2. _____ chega a Marta?   ☐ Um sumo de maçã.

3. _____ está a beber?   ☐ É grande e tem um jardim.

4. _____ é aquela senhora?   ☐ Sou arquiteto.

5. _____ custa esta carteira?   ☐ É meu.

6. _____ horas são?   ☐ Vinte e dois.

7. _____ é a sua profissão?   ☐ É de Coimbra.

8. _____ está o dicionário?   ☐ Cinquenta euros.

9. _____ anos é que ele tem?   ☐ Na estante.

10. _____ é o Carlos?   ☐ É a nova secretária.

11. _____ é a casa nova do Sr. Almeida?   ☐ No sábado.

38. Mas, porque, portanto... ⓘ

Faça uma frase para cada par de figuras. Use *mas, porque* ou *portanto/por isso* para indicar a relação entre os dois factos (A e B).

1. _____
2. _____
3. _____
4. _____
5. _____
6. _____

39. É, não é?

A. Una as duas metades de cada frase, escrevendo o número no local correto.

1.	Hoje está frio,
2.	Ele não é português,
3.	Vocês chegam no domingo,
4.	Tu não tens telemóvel,
5.	Estes bolos são ótimos,
6.	Eles têm três filhos,
7.	Ela é muito simpática,
8.	O Pedro não está aqui,
9.	Eles falam italiano,

pois não?
não chegam?
não têm?
não é?
pois não?
não está?
não falam?
não são?
pois não?

B. Faça perguntas, de acordo com o exemplo.

Maria
nacionalidade: ~~portuguesa~~
morada: Coimbra
idade: 27 anos
profissão: arquiteta
local de trabalho: ~~Coimbra~~

1. *Ela não é portuguesa, pois não?*

2. _____

3. _____

4. _____

5. _____

Pedro e João: ~~irmãos~~
estudantes
~~Medicina~~
línguas: inglês
apartamento no Porto

1. _____

2. _____

3. _____

4. _____

5. _____

40. Para quem é? ⓘ

É Natal e o Paulo está a distribuir os presentes. Observe as figuras e complete o diálogo.

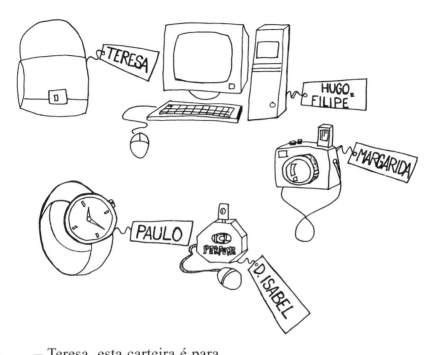

Paulo   – Teresa, esta carteira é para _____.

Teresa   – Para _____? Obrigada, é muito bonita!

Paulo   – Hugo e Filipe, o computador é _____.

Hugo   – E a máquina fotográfica, também é _____?

Paulo   – Não, não é! A Margarida, não está?

Filipe   – Não.

Paulo   – A máquina fotográfica _____.

           E a D. Isabel, onde está?

D. Isabel – Estou aqui!

Paulo   – D. Isabel, este perfume _____.

D. Isabel – Muito obrigada.

Hugo   – Este relógio é ótimo! Para _____ é?

Paulo   – Não, Hugo, esse relógio não é _____! O relógio

           _____!

41. Ao meu lado, atrás de mim ⓘ

O Sr. Ramos está a mostrar uma fotografia ao Sr. Lopes.

O Sr. Lopes quer saber quem são as pessoas numeradas. Observe a figura, leia o quadro ao lado e continue o diálogo, de acordo com os exemplos.

1 – D. Maria

2 – Dr. José Nunes

3 – Dr.ª Fátima

4 – Sr. Monteiro

5 – D. Maria João

6 – Sr. Alberto

1. Sr. Lopes – *Quem é a senhora que está ao lado do Sr. Silva?*

   Sr. Ramos – *Ao lado dele está a D. Maria.*

2. Sr. Lopes – *Quem é o senhor que está ao seu lado?*

   Sr. Ramos – _____ o Dr. José Nunes.

3. Sr. Lopes – Quem é a senhora que está atrás de _____?

   Sr. Ramos – Atrás de _____ a Dr.ª Fátima.

4. Sr. Lopes –_____?

   Sr. Ramos –_____.

5. Sr. Lopes –_____?

   Sr. Ramos –_____.

6. Sr. Lopes –_____?

   Sr. Ramos –_____.

42. Diálogos curtos

A. Encontre a resposta correta.

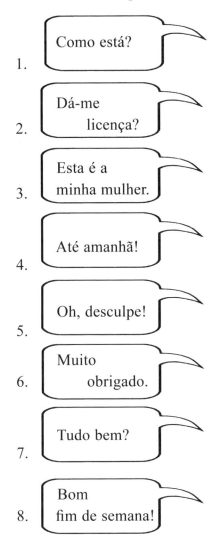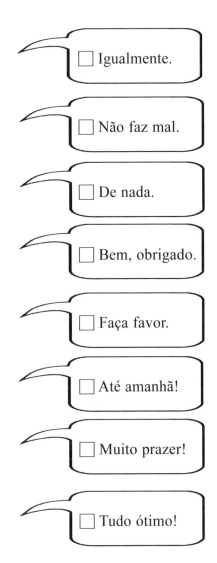

1. Como está? — ☐ Igualmente.

2. Dá-me licença? — ☐ Não faz mal.

3. Esta é a minha mulher. — ☐ De nada.

4. Até amanhã! — ☐ Bem, obrigado.

5. Oh, desculpe! — ☐ Faça favor.

6. Muito obrigado. — ☐ Até amanhã!

7. Tudo bem? — ☐ Muito prazer!

8. Bom fim de semana! — ☐ Tudo ótimo!

B. Continue.

1. *Bom fim de semana!*
2. *Boa tarde.*
3. _____ dia.
4. _____ férias!
5. _____ Ano Novo!
6. _____ noite.
7. _____ viagem!
8. _____ Natal!

43. Onde vai?

1. *Ele vai ao banco de carro.* **Continue.**
2. Eles _____
3. Eu _____
4. Tu _____
5. Nós _____
6. A senhora _____
7. Vocês _____
8. Nós _____

44. Frases cortadas (2)

1. Tu	vão	a	piscina.
2. Nós	estás	à	cinema.
3. Eu	vamos	ao	Lisboa.
4. Eles	vou	ao	escola.
5. Tu	estamos	em	escritório.
6. Vocês	estão	na	casa.
7. Nós	vais	no	supermercado.
8. Ela	está	no	café.

45. Hora de almoço

Complete o diálogo com as palavras do quadro.

vão	é	tempo	frente	temos	minutos	a	muita
sumo	têm	pé	ir	onde	vou	como	perto

– Quanto tempo _____ que vocês _____ para almoçar?

– Só _____ uma hora.

– E _____ almoçam? _____ ao restaurante?

– Eu _____ ao café aqui em _____. Normalmente, não tenho _____ fome. _____ umas sandes e bebo um _____.

– Eu vou _____ casa.

– E tem _____ para _____ e voltar?

– Eu moro muito _____, são cinco _____ a _____.

46. Está com fome? ⓘ

Faça frases para cada figura, conforme o exemplo.

1. *Eu estou com fome / Eu tenho fome.*
   Quero comer.

2. Ela _____
   _____
   _____
   _____

3. Nós _____
   _____
   _____
   _____

4. Eles _____
   _____
   _____
   _____

5. Tu _____
   _____
   _____
   _____?

6. Ele _____
_____
_____
_____.

7. Vocês_____
_____
_____
_____?

47. Querer e precisar ⓘ

Complete de acordo com os exemplos.

A. 1. *Eu quero abrir uma garrafa de vinho. Preciso de um saca-rolhas.*

2. Elas _____ cortar o bolo.

_____

3. Nós _____ acordar às 6.30.

_____

4. Ele _____ acender um cigarro.

_____

B. 1. *Eu quero comprar um caderno. Preciso de ir à papelaria.*

2. Tu _____ comprar medicamentos.

_____

3. Vocês _____ comprar livros.

_____

4. A senhora _____ comprar pão.

_____

48. Há pouco...

O Artur e a Luísa querem fazer um piquenique com os amigos.

Para o piquenique:
• pão
• queijo
• iogurtes
• fruta
• bolachas
• água
• sumos

O que há em casa? Faça frases, usando *muito / pouco* na forma correta.

Há pouco pão. _____

_____

_____

_____

49. No supermercado

Como compra normalmente estes produtos? Assinale com ✓ (pode haver várias possibilidades para um produto).

	água	leite	uvas	manteiga	batatas	ovos	chocolates	compota	sardinhas	azeite	bolachas	carne	fiambre	cerveja	champô
1 lata de															
1 frasco de															
1 pacote de															
1 dúzia de															
1 caixa de															
1 garrafa de															
1 saco de															
1 quilo de															
250 gr. de															

50. Gostos e preferências

O quadro mostra os gostos da Luísa, do Pedro e do Rui em matéria de música, comida e férias.

		Eu	Luísa	Pedro	Rui
Música	clássica		+ + +	- -	- -
	moderna		+	+	+ +
Comida	carne		-	+ +	+ +
	peixe		+ +	- - -	+
Férias	praia		+ +	+ + +	+ +
	montanha		-	+	+

A. Indique os seus gostos na coluna *Eu*.

B. Com a informação do quadro, complete livremente as frases abaixo.

Use: *(não) gostar (muito) de / adorar / detestar / gostar mais de*

1. A Luísa _____ música clássica, mas o Pedro e o Rui

_____.

2. O Rui _____ peixe, mas _____ carne.

3. Eu e _____ gostamos de _____

_____.

4. _____

_____.

5. _____

_____.

6. _____

_____.

7. _____

_____.

8. _____

_____.

51. Comparações

Leia as informações sobre os dois hotéis e faça frases comparativas.
Use: *mais ... / melhor / maior do que ...*

	HOTEL MODERNO ★★★★ recente (1 ano)	GRANDE HOTEL ★★★ existe desde 1958
N.º de quartos:	110	190
Conforto:	+ +	+
N.º de restaurantes:	2	1
Qualidade da comida:	+	+ +
Dimensões da piscina:	20 × 9 metros	15 × 8 metros
Distância da praia:	3 Km	400 m
Eficiência do pessoal:	+ +	+
Simpatia do pessoal:	+	+ +
Preço por noite:	130 €	92,5 €

1. *O Grande Hotel tem mais quartos do que o Hotel Moderno.*
2. *O pessoal do Hotel Moderno é mais eficiente do que o pessoal do Grande Hotel.*
3. _____
4. _____
5. _____
6. _____
7. _____
8. _____
9. _____
10. _____

52. É maior do que esse ⓘ

A Paula e a Júlia estão a fazer compras. Mas têm gostos diferentes…
Continue o diálogo, usando adjetivos apropriados.

1. Paula – *Que bonita, esta camisola! É mais fina do que essa.*
   Júlia – *Eu prefiro a mais grossa.*

2. Paula – Gosto d_____ _____! _____
   _____.
   Júlia – _____.

3. Paula – Adoro _____! _____
   _____.
   Júlia – _____.

4. Paula – Que bonitos,_____! _____
   _____.
   Júlia – _____.

5. Paula – Que elegante, _____! _____
   _____.
   Júlia – _____.

53. Números

A. Escreva as quantias.

Pague por este cheque a utilizar em **EUROS**
☐.☐☐☐.☐☐☐ 𝟑𝟑,𝟒𝟐€

Assinatura(s)

Local de Emissão

Ano	Mês	Dia
☐☐☐☐ - ☐☐ - ☐☐

à ordem de _____

a quantia de **EUROS** *Trinta e três euros e quarenta e dois cêntimos* _____

Z. Interbancária	Número de Conta	Número de Cheque	Importância	Tipo

12+

É favor não escrever nem carimbar neste espaço

41,15 € – _____

59,75 € – _____

80,88 € – _____

338,50 € – _____

661,17 € – _____

B. Faça frases completas.

Hotel: 115 quartos	Lisboa-Faro: 299 Km	Dicionário: 57.800 palavras	Escola: 380 alunas 425 alunos

1. O hotel tem _____ quartos.
2. _____
3. _____
4. _____

54. Já e ainda

A. O Zé encontra o Rui, um antigo colega, e quer saber informações sobre outro colega, o Joaquim, que ele não vê há muito tempo.
Complete o diálogo, de acordo com as informações do quadro.

JOAQUIM	
Antes	Agora
morada: *com os avós*	✗
trabalho: *biblioteca*	✓
transporte: *motorizada*	✓
tempos livres:	
jogar basquetebol	✗
férias: *Alentejo*	✓

Zé – *Tens notícias do Joaquim?*

Rui – *Claro. É meu vizinho!*

Zé – *Ah, sim? Ele ainda mora com os avós?*

Rui – *Não, já não mora.*

Zé – Ele ainda _____

_____ ?

Rui – Sim, _____

Zé – _____ ?

Rui – _____

Zé – _____ ?

Rui – _____

Zé – _____ ?

Rui – _____

B. A Cláudia está a estudar português em Lisboa. Observe o quadro e faça perguntas de acordo com o modelo.

– Ela já fala bem português?
– Sim, já fala.

– _____
_____ ?

– _____

OBJETIVOS DA CLÁUDIA	
• falar bem português	✓
• compreender os programas de televisão	✗
• conhecer o Norte de Portugal	✗
• ter amigos portugueses	✓

– _____ ?

– _____

– _____ ?

– _____

55. Não podemos...

Complete os textos. Use *poder, ter de* e outras palavras apropriadas.

O António quer jogar ténis. Primeiro, ele convida a Manuela, a Paula e o Jorge.

Eu não _____,
porque _____
_____

MANUELA

Nós não _____,
porque _____
_____

PAULA e JORGE

Depois, convida o Filipe, mas ele não _____, porque _____
_____. Finalmente, o António convida a Mariana e a Rita, mas elas também não _____, porque _____
_____.

FILIPE

MARIANA e RITA

Estão todos ocupados. O António _____ jogar ténis noutro dia, porque não _____ jogar sozinho!

56. Sabe cozinhar?

Complete o quadro. Depois, faça frases com o verbo *saber*.
Exemplo: *Eu e a Ana ... ... , mas o Zé não ... .*

	Eu	Zé	Ana
		✓	×
		✓	✓
		×	✓

	Eu	Zé	Ana
		×	×
		×	✓
		✓	×

57. Saber ou poder?

1. Eles _____ jogar ténis muito bem, mas amanhã não _____ jogar, porque têm de trabalhar.

2. Ele já _____ guiar, mas não _____ , porque não tem carta de condução.

3. Eu _____ tentar escrever essa carta em inglês, mas tu tens de me ajudar porque eu não _____ escrever muito bem.

4. – Tu _____ quando é o exame?
   – Não, não _____ . Mas nós _____ perguntar ao professor.

58. Conhecer ou saber?

A. Ligue de modo a formar frases corretas.

Eu não conheço

Eu não sei

- os irmãos do João.
- onde está o dicionário.
- o Algarve.
- esta canção. É nova?
- quem é aquele senhor.
- a que horas eles chegam.
- o número de telefone do Sr. Sousa.
- esse restaurante. Onde é?
- jogar xadrez.

B. Complete com os verbos *saber* ou *conhecer*.   ⓘ

– Não encontro o Paulo Ramos há muito tempo. Tu _____ onde é que ele está?

– Está a morar em Évora.

– Em Évora?

– Sim, e gosta imenso de lá estar.

– Eu _____ que Évora é uma cidade muito bonita, mas não _____.

– Pois é, tens de ir lá visitar o Paulo. Ele pode mostrar-te muitas coisas, porque _____ bem toda a região.

– Tu _____ o número de telefone dele?

– Não, mas o irmão dele _____. Tu _____ o irmão?

– Não. Eu _____ que ele tem um irmão mais velho, mas não o _____.

59. Analogias (2)

1. morar	– em	precisar	– _____
2. ténis	– jogar	piano	– _____
3. grande	– maior	bom	– _____
4. bolo	– comer	café	– _____
5. em Portugal	– onde?	o Sr. Rodrigues	– _____ ?
6. gostar	– gosta	querer	– _____
7. carro	– ir de	pé	– _____
8. abrir	– fechar	começar	– _____
9. nadar	– saber	o Brasil	– _____
10. eu	– para mim	o senhor	– _____
11. saber	– sei	poder	– _____
12. praia	– à	Correios	– _____

60. Compras

Faça a correspondência entre as frases das duas colunas, de modo a obter pequenos diálogos.

1. – Que cor prefere?

2. – Quanto é tudo?

3. – Está um pouco apertado...

4. – Posso experimentar?

5. – Que número calça?

6. – Não tem outro mais pequeno?

7. – Pode embrulhar, se faz favor?

8. – É possível trocar?

☐ – Trinta e nove.

☐ – Tem aqui outro maior.

☐ – É para oferecer?

☐ – Azul-escuro.

☐ – Não, é tamanho único.

☐ – Sim, mas tem de trazer este talão.

☐ – Claro, os provadores são ali.

☐ – Cinquenta e nove euros.

61. O que é que eles vão fazer? ⓘ

Faça uma frase para cada elemento numerado, usando *ir* + infinitivo.

1. _____

2. _____

3. _____

4. _____

5. _____

6. _____

7. _____

8. _____

9. _____

10. _____

62. Preposições de tempo

> a   à   ao   às   aos   de
> em   na   no   nas   nos

1. _____ sexta-feira
2. _____ meio-dia
3. _____ fevereiro
4. _____ quartas-feiras
5. _____ duas últimas semanas de maio
6. _____ noite
7. _____ dia 23 de setembro
8. _____ próximos anos

9. _____ manhã
10. _____ verão
11. _____ 1972
12. _____ próximo mês
13. _____ 15 de novembro
14. _____ Natal
15. _____ meia-noite
16. _____ sábados

63. Horóscopo

Estes são os signos da Rita, do Paulo e da Marta. Diga o que vai acontecer na próxima semana.

Peixes de 20 de fevereiro a 20 de março *visita inesperada trabalho: frustração; discussão com chefe problemas de estômago*	A Rita _____ _____ _____ _____ _____ _____ _____
Leão de 23 de julho a 22 de agosto *vida social muito ativa; novos amigos trabalho: sucesso; solução para problemas*	O Paulo e a Marta _____ _____ _____ _____ _____ _____

64. Planos

O Tiago está a contar o que vai fazer na próxima semana e nos próximos meses.
Leia a agenda e continue o texto.
★ indica que o Tiago vai com a namorada (Patrícia)

Seg	25	★ *noite – saída com Inês e Rui*
Ter	26	*tarde – fotografias para Cartão do Cidadão*
Qua	27	*manhã – renovação do C.C. 12.30 – almoço c/ Lopes*
Qui	28	*9.00 – 10.30m apresentação projeto*
Sex	29	★ *compras – prenda p/ Luís*
Sáb	30	★ *jantar – casa Luís*
Dom	31	*futebol c/ Jorge*

abril
1.ª e 2.ª semana – estágio (Lisboa)
★ *17 – aeroporto –*
           chegada primos
23 – 14.30 – consulta dentista

maio
★ *12 – casamento Luís e Laura*

carro – inspeção técnica

junho
★ *férias – Brasil*

No dia 25 à noite, eu e a Patrícia _____
_____ . No dia seguinte _____
_____
_____
_____
_____
_____
_____
_____
_____
_____
_____
_____
_____
_____

_____
_____
_____
_____
_____
_____

65. Ir a... ou ir para...?

Complete as frases da coluna B, de acordo com o sentido das frases da coluna A.
Use *ir a...* ou *ir para...*

<table>
<tr><td align="center">A</td><td align="center">B</td></tr>
<tr><td>1. Ele trabalha nos Correios.</td><td>Todas as manhãs, ele vai <u>para os Correios.</u></td></tr>
<tr><td>2. Eu quero comprar selos.</td><td>Eu _____
_____</td></tr>
<tr><td>3. Ele tem uma reunião em Lisboa na próxima semana.</td><td>Na próxima semana, _____
_____</td></tr>
<tr><td>4. Ela mora em Lisboa, mas está a passar férias em Faro. As férias acabam amanhã.</td><td>Amanhã, _____
_____</td></tr>
<tr><td>5. As crianças andam na escola.</td><td>Todas as manhãs, elas _____
_____</td></tr>
<tr><td>6. A mãe quer falar com a professora.</td><td>Hoje, a mãe _____
_____</td></tr>
<tr><td>7. Ele sai do escritório às 12.30. Almoça em casa. Regressa ao escritório às 14.30.</td><td>À hora do almoço, ele _____
_____</td></tr>
<tr><td>8. Ele acaba o trabalho às 18.30. Janta em casa. À noite, não sai.</td><td>Depois do trabalho, ele _____
_____</td></tr>
</table>

66. Deslocações

A D. Matilde vive com a filha (a Ana), o genro (o Miguel) e três netos (a Sónia, o Luís e o Paulo). Ela está a contar a rotina quotidiana da família. Continue o texto. Indique as profissões, os horários, os meios de transporte. Use os verbos *sair, ir, levar, vir, chegar.*

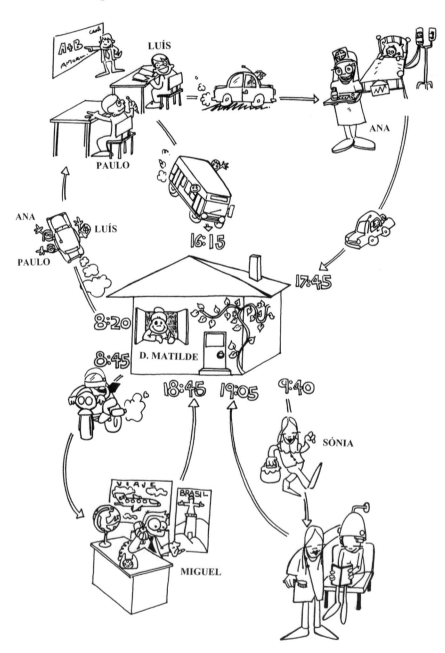

A minha filha _____

_____

_____

_____

_____

_____

_____

_____

_____

_____

_____

_____

_____

67. Um postal

Complete o texto com as palavras do quadro.

dias	porque	vamos	à	de	calor	vimos	a
férias	enorme	perto	a	vão	é	saímos	vêm

Luísa e Carlos,

Estamos _____ passar umas ótimas _____, com muito sol e

_____! O apartamento _____ confortável e muito _____

da praia, vamos e _____ a pé. Também temos uma piscina _____

e dois campos _____ ténis. _____ noite, _____ sem-

pre: _____ ao restaurante, _____ um espetáculo, à discoteca...

_____ é que vocês não _____ cá passar uns _____

connosco? _____ gostar imenso!

Um abraço, Teresa e Luís

68. Ele vem comigo

ⓘ

Complete as frases seguintes com as formas *comigo*, *com ele*, ...

1. Vamos à praia. Querem vir _____?

2. Se vais para casa, eu vou _____.

3. As minhas filhas estão doentes e eu tenho de ficar _____.

4. Eu vou de carro, podem vir _____.

5. Vocês podem esperar um momento? Eu queria falar _____.

6. O Carlos tem de ir a Paris e a Teresa vai _____.

7. Se o senhor não sabe onde é o banco, nós vamos lá _____.

69. Vamos ao cinema?

Complete o diálogo, usando as palavras do quadro.

dia	à	porque	querem	vens	gosto	depois
vamos	prefiro	bilhetes	hoje	está	queres	de

– Vocês _____ ir ao cinema hoje _____ noite ?

– _____ não podemos, temos _____ para o teatro. _____ é que não _____ connosco?

– Não, obrigado. _____ ir ao cinema, não _____ muito _____ teatro.

– Se _____ ir noutro _____, amanhã ou _____ ...

– _____ bem, então _____ amanhã.

70. Verbos cruzados (1)

A. Complete com os seguintes verbos no presente do indicativo.

HORIZONTAIS		VERTICAIS	
1. eu / perder	5. ele / subir	9. ele / dar	13. eu / cair
2. eu / dormir	6. eu / dar	10. ele / trazer	14. ele / dizer
3. eu / fazer	7. eu / dizer	11. eu / pôr	15. eu / ouvir
4. ele / fazer	8. eu / trazer	12. eu / pedir	16. eu / subir

B. Complete as frases com os verbos do exercício anterior na forma correta (use cada verbo uma só vez).

1. Eles _____ sempre as escadas a correr.

2. Nós _____ sempre o noticiário das 9.00 na rádio.

3. Sabes onde é que ele _____ as chaves do carro?

4. Todos os domingos, eles _____ um passeio pelo parque.

5. Ele não sabe andar bem de bicicleta, _____ muitas vezes.

6. Se ele toma café à noite, não _____ bem.

7. Às vezes, ele sai de casa tarde e _____ o autocarro das 9.00.

8. O que é que tu _____ quando alguém _____ anos?

9. Nós compramos a comida e vocês _____ as bebidas.

10. Ele não sabe fazer nada sozinho, _____ sempre ajuda aos colegas.

71. É bom observador?

Este é o quarto da Joana. Observe com atenção e faça frases sobre a Joana.

Exemplo: *A Joana usa óculos.*

_____

_____

_____

_____

_____

_____

_____

_____

_____

_____

_____

72. Perguntas (2)

A Sandra está a falar com uma amiga. Ela é muito curiosa e gosta de saber tudo. Escreva as perguntas da Sandra.

1. – _____?
   – Não, hoje à noite estou ocupada.

2. – _____?
   – Vou à festa de anos da Rita.

3. – _____?
   – É minha colega.

4. – _____?
   – Faz 27 anos.

5. – _____?
   – Não, é casada.

6. – _____?
   – O marido é dentista.

7. – _____?
   – A festa é à noite, a partir das 9.00.

8. – _____?
   – Vou com o Pedro.

9. – _____?
   – Vamos de carro.

10. – _____?
    – Não, a Filipa não vai.

11. – _____?
    – Porque está no Algarve.

12. – _____?
    – Fica até domingo.

73. Formular votos

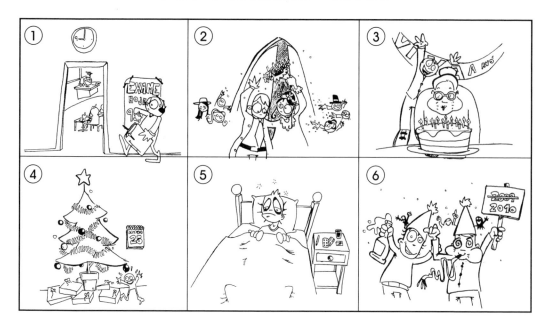

A. O que diz / deseja a estas pessoas? Numere as expressões, de acordo com as figuras. Depois, explique quando usa estas expressões. Faça frases completas.

> Muitos parabéns! As melhoras! Feliz Natal!
>
> Boa sorte! Boas entradas! Muitas felicidades!

1. _____
2. _____
3. _____
4. _____
5. _____
6. _____

B. Conhece outras expressões que pode usar em algumas destas situações?

_____
_____
_____
_____

74. Expressões de frequência

Ordene as seguintes expressões, escrevendo-as no esquema.

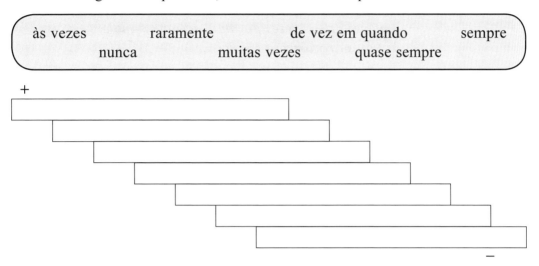

às vezes   raramente   de vez em quando   sempre
    nunca   muitas vezes   quase sempre

+

−

75. O que faz ao fim de semana?

O quadro contém informação sobre o que a Marta, a Sónia e o Zé fazem ao fim de semana e com que frequência (de 0 – nunca a 4 – sempre).
Primeiro, complete a coluna *eu* com informação sobre o seu fim de semana.
Depois, escreva algumas frases completas, usando as expressões de frequência.

	Eu	Marta	Sónia e Zé
1. dormir até tarde		0	4
2. fazer compras		4	0
3. dar passeios a pé		2	1
4. visitar a família		1	4
5. ler jornais		3	2

76. Com que frequência? ⓘ

Observe as figuras e faça frases completas. Use expressões do tipo:

todos os dias / todas as noites ...
uma vez / duas vezes por dia / semana / ano ...
às vezes / raramente / nunca ...

1. _____

2. _____

3. _____

4. _____

5. _____

6. _____

7. _____

8. _____

9. _____

77. Como é que se chama?

A. Complete as frases com os seguintes verbos na forma correta.

> atrasar-se   chamar-se (2x)   cumprimentar-se   deitar-se (2×)
> encontrar-se   levantar-se   sentar-se   zangar-se

1. Todos os dias, eles _____ _____ às 8.00 e _____ _____ à meia-noite.

2. Ele _____ João e eu _____ Sílvia.

3. Às vezes, nós _____ _____ no café e _____

4. Tu _____ naquela cadeira. Eu_____ aqui na areia.

5. Às vezes, o Pedro_____ _____ e o chefe _____ com ele.

B. Leia mais uma vez as frases do exercício anterior e complete as perguntas e as respostas.

1. – Eles levantam-se às 7.00?
   – Não, eles não _____ às 7.00.
   – Então, a que horas é que _____?
   – Às 8.00.

2. – Ele chama-se Ricardo?
   – Não, ele não _____Ricardo.
   – Então, _____?
   – João.

3. – Vocês _____ na escola?
   – Não, nós não _____ na escola.
   – Então, _____?
   – No café.

4. – Eu sento-me na areia?
   – Não, tu não _____ na areia.
   – Então, _____?
   – Naquela cadeira.

5. – O chefe zanga-se porque o Pedro é distraído?
   – Não, ele não _____ por isso.
   – Então, _____?
   – Porque ele se atrasa.

C. Faça frases corretas a partir dos elementos.

1. Porque é que ela		
2. Este ano, o meu irmão		
3. Eu sei que ele	levanta-se	às 7.30.
4. A Joana nunca		
5. A senhora também		
6. Normalmente, o Joaquim	se levanta	às 7.30?
7. Quem é que		

78. Lembra-se? ⓘ

Complete os diálogos com os verbos indicados na forma correta.

> 1. aborrecer-se, fazer, levantar-se (2×), sentar-se, sentir-se (2×), ver

A Joana vai visitar a D. Amélia, que está doente.

Joana   – Olá, D. Amélia, como é que _____ hoje?

D. Amélia – _____ muito melhor!

Joana   – E vai ficar na cama, não _____?

D. Amélia – _____ um pouco mais tarde.

Joana   – E o que é que _____ aqui em casa todo o dia?

           Não _____?

D. Amélia – Não. _____ no sofá e _____

           televisão.

> 2. chamar-se (2×), encontrar-se, esquecer-se, lembrar-se (3×), perguntar

Miguel – Tu _____ do irmão da Ana?

Guida   – _____ muito bem.

Miguel – E sabes como é que ele _____?

Guida   – _____ Mário.

Miguel – Mário! É isso mesmo!

Guida   – Mas porque é que _____?

Miguel – Nós _____ às vezes na piscina e eu nunca

           _____ do nome dele.

Guida   – Pois é, tu _____ de tudo!

79. Alguns verbos em - IR

A. Pense na 1.ª pessoa do singular (eu...) do presente do indicativo dos verbos:

seguir, servir, sentir, vestir, repetir, preferir, conseguir, divertir-se

Além do - *o* final, qual é a letra que está presente em todas as formas?
Para saber a resposta, preencha o quadro abaixo.

EU ...

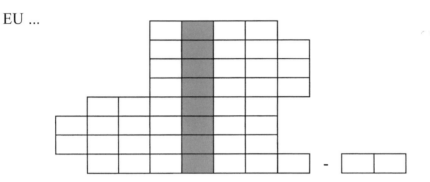

B. Complete as frases abaixo com os verbos do exercício anterior. Use cada verbo uma só vez.

1. – Tu não _____ frio?
   – Um pouco.
   – Então, porque é que não _____ o casaco?

2. – Para que é que _____ esse aparelho?
   – Para retirar a humidade do ar. É um desumidificador.
   – E vocês sabem pôr isso a funcionar?
   – É fácil, _____ as instruções que vêm aqui no livro.

3. – O senhor _____ compreender tudo o que ela diz?
   – Não, mas quando não compreendo alguma coisa, ela _____.

4. – Com quem é que vocês querem ir?
   – Nós _____ ir com o Tiago e com a Laura. Quando estamos juntos, _____ imenso!

80. A um amigo

Escreva os seguintes verbos na coluna correta.

telefonar ✓

ver

convidar

mostrar (uma fotografia)

agradecer

perguntar

oferecer (um presente)

escrever

encontrar

dizer

ajudar

mandar (um fax)

pedir (um favor)

responder

cumprimentar

telefonar	
a um amigo	**um amigo**

81. Eu telefono-lhe

Escreva o número no local correto.

	contigo.	1
	connosco.	2
	com elas.	3
Ele quer falar	consigo.	4
	com vocês.	5
	comigo.	6
	com os senhores.	7
	com ele.	8

	-lhe.	
	-vos.	
	-me.	
Por isso, vai telefonar	-lhes.	
	-nos.	
	-lhe.	
	-te.	
	-lhes.	

82. Ele diz-me, ele não me diz

1.– D. Marília, a senhora envia-me os documentos esta semana?
  – Com certeza, _____ os documentos todos amanhã.

2.– Ela telefona-me quase todos os dias! Também _____ muitas vezes?
  – Não, só _____ de vez em quando.

3.– Tu emprestas os teus jogos aos teus irmãos?
  – Eu _____ sempre os meus jogos, mas eles às vezes não _____ os deles.

4.– Vou dar um CD à Marta no Natal. E vocês, o que é que _____ _____ ?
  – Nós _____ uma camisola.

83. Avisos (1) ⓘ

O que significam estes avisos? Faça frases, usando o imperativo.

ENTRADA PROIBIDA

1.

2.

3.

4. STOP

5. Água Imprópria para consumo

6.

7. Silêncio

1. Não _____ !
2. _____
3. _____
4. _____
5. _____
6. _____
7. _____

84. Diga-me... ⓘ

Complete livremente a coluna B com uma frase apropriada. Use um verbo no imperativo e um pronome, de acordo com o exemplo.

A.

B.

1. Nós precisamos de uma informação.

Dê-nos uma informação, se faz favor.

2. Eu quero saber que horas são.

_____

3. Ele quer ver as fotografias.

_____

4. As crianças querem ouvir uma história.

_____

5. Ela precisa de usar os seus dicionários.

_____

6. Nós queremos receber um catálogo.

_____

85. Instruções ⓘ

O Sr. Pereira vai fazer uma viagem. Ele está a dar instruções a um colega que o vai substituir. Complete o texto com os verbos do quadro no imperativo.

> abrir   dar   dizer   esquecer-se   fazer   ir   ler   pedir   telefonar   ver   vir

– Sr. Antunes, por favor, _____ estas cartas e _____ as correções necessárias. Depois, _____ as cartas à secretária e _____-lhe para as enviar com urgência.

Todas as manhãs, _____ o meu correio. Se é alguma coisa importante, _____-me e _____-me do que se trata.

Na 5.ª feira, se não se importa, _____ mais cedo e _____ se está tudo pronto para a reunião. Depois, _____ ao aeroporto buscar o Dr. Ribeiro. Não _____ de encomendar o almoço!

86. Partes do corpo

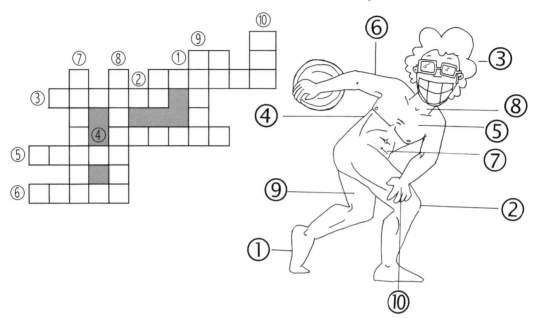

87. Os extraterrestres

Descreva os extraterrestres que estão a chegar à Terra!

Um tem quatro braços _____

_____

O outro _____

_____

88. Ginástica

Imagine que é professor(a) de ginástica. Dê instruções aos seus alunos para fazer estes exercícios.

1. Deitem-se. _____

_____

_____

_____

_____

2._____

_____

_____

_____

_____

_____

3._____

_____

_____

_____

_____

_____

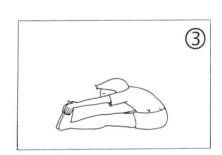

4. _____

_____

_____

_____

_____

_____

89. Sintomas

Una as duas metades de cada frase, escrevendo o número no local correto.

1. Estou com   ☐ mal.

2. Doem-me   ☐ a garganta.

3. Sinto-me   ☐ de estômago.

4. Tenho dores   ☐ febre.

5. Tenho   ☐ os dentes.

6. Dói-me   ☐ tosse.

90. No médico   ⓘ

Escreva o que dizem os pacientes e os conselhos do médico (use o imperativo).

1. – Sr. doutor, _____

_____

_____

– _____

_____

_____

2. – _____

_____

_____

– _____

_____

_____

3. – _____   – _____

_____   _____

_____   _____

4. – _____   – _____

_____   _____

5. – _____   – _____

_____   _____

_____   _____

91. Deve ser...

ⓘ

Na sua opinião, de quem são estes objetos? Faça frases, de acordo com o exemplo.

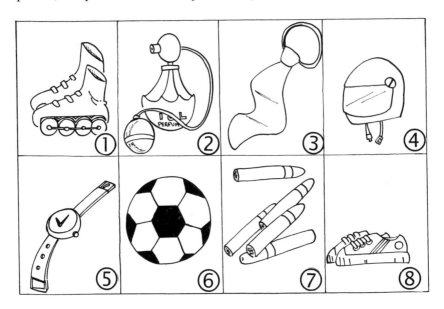

1. *Os patins devem ser da Cristina.*
2. _____
3. _____
4. _____
5. _____
6. _____
7. _____
8. _____

D. FÁTIMA   CRISTINA   JORGE   SR. FONSECA

92. Avisos (2)

1. | Consumir de preferência antes de: maio 2017 |

2. | Reserva obrigatória de lugar |

3. | Não há lugares marcados |

4. | MB
Fora de serviço |

5. | Pré-pagamento |

6. | *Não é permitida a entrada após o início do espetáculo* |

7. | Tomar preferencialmente após as refeições |

A. Onde pode encontrar estes avisos?

1. _____
2. _____
3. _____
4. _____
5. _____
6. _____
7. _____

B. Explique o que significam, usando*: (não) poder / ter de / dever*

1. _____
2. _____
3. _____
4. _____
5. _____
6. _____
7. _____

93. Poder ou conseguir?

A. Complete uma frase de cada par com o verbo *poder* e outra com o verbo *conseguir*.

1. a – Tu não _____ comer esse bolo. É muito grande.
   b – Tu não _____ comer esse bolo. Estás a fazer dieta.

2. a – Ele não _____ ler estes documentos. São confidenciais.
   b – Ele não _____ ler estes documentos. Não tem os óculos.

3. a – Nós não _____ telefonar ao Sr. Martins. Não sabemos o
   número.
   b – Nós não _____ telefonar ao Sr. Martins. Dá sempre sinal
   de ocupado.

4. a – Vocês não _____ abrir a janela. Está encravada.
   b – Vocês não _____ abrir a janela. Está muito frio lá fora.

5. a – Eles não _____ fazer este jogo. É muito complicado.
   b – Eles não _____ fazer este jogo. Têm de estudar.

B. Complete os diálogos com os verbos *poder* ou *conseguir*.

1. – Pedro, _____ ajudar-me a fazer o trabalho de casa? Eu não
   _____ fazer estes exercícios sozinho, são muito difíceis.
   – Desculpa, agora não _____. Tenho de sair. Mas logo à
   noite nós _____ estudar juntos.

2. – Mãe, nós _____ ir buscar as bicicletas e ir para o parque?
   – _____, mas eu vou buscar as bicicletas. Vocês não
   _____ abrir a porta da garagem, é muito pesada.
   E atenção, já sabem que não _____ andar de bicicleta em
   cima dos passeios, é proibido.

94. Frases cortadas (3)

1. Eu	preenchemos	o teu quarto?
2. O senhor	deitaram	responder a todas as perguntas?
3. Tu	arranjei	a carta fora?
4. Nós	atendi	a carteira no bolso.
5. Vocês	pediu	um café e uma torrada?
6. A Júlia e o Zé	arrumaste	ao espetáculo.
7. Ele	combinámos	o telefone.
8. Eu	conseguiste	um emprego ótimo.
9. Nós	meteu	os impressos.
10. Tu	assistiram	jantar fora no sábado.

95. Uma notícia

Complete com os verbos do quadro na forma correta.

> assaltar   chamar   entrar   fugir   ocorrer   ouvir   partir   roubar

Desconhecidos _____ uma residência e _____
objetos no valor de 2.000 euros. O assalto _____ cerca das 23 horas.
Dois indivíduos _____ uma janela e _____
na moradia. Um vizinho _____ barulho e _____
a polícia, mas os assaltantes _____ antes da chegada dos agentes.

96. Teve boas férias?

Observe as figuras e complete os textos. Diga: se tiveram boas férias, onde estiveram, durante quanto tempo, como foram, onde ficaram, o que fizeram e como esteve o tempo.

O Sr. Antunes e a D. Teresa _____
_____
_____
_____
_____
_____
_____

> boas, cansativas
> França / 2 semanas / carro
> casa amigos (Paris)
> visitar a cidade
> mau tempo (chuva)

O Zé _____
_____
_____
_____
_____
_____
_____
_____

> excelentes, muito
> divertidas! Itália e Grécia
> 1 mês / comboio
> campismo
> bares / discotecas
> conhecer pessoas
> bom tempo / sol

> muito calmas, mas curtas!
> Cuba / 1 semana
> avião / hotel
> praia / nadar / descansar
> muito calor

Nós _____
_____
_____
_____
_____
_____
_____

97. Há quanto tempo?

O quadro abaixo mostra algumas informações sobre a vida do Sr. Pinho.
Continue as perguntas e as respostas, de acordo com os exemplos.

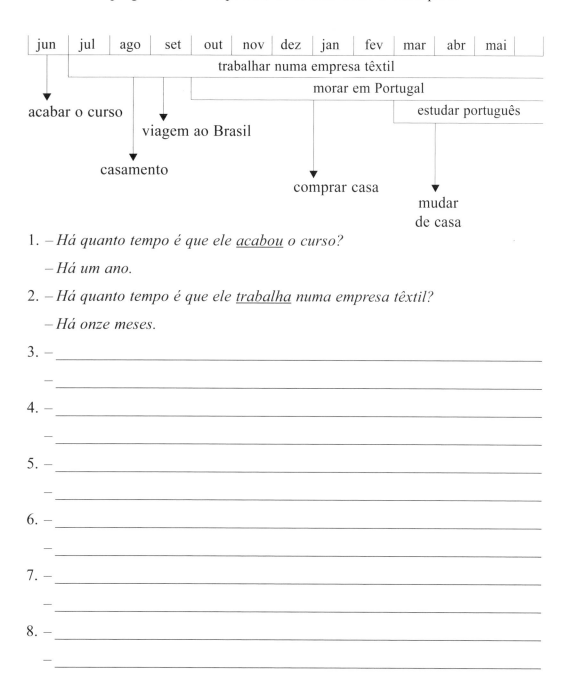

1. – *Há quanto tempo é que ele acabou o curso?*

   – *Há um ano.*

2. – *Há quanto tempo é que ele trabalha numa empresa têxtil?*

   – *Há onze meses.*

3. – _____

   – _____

4. – _____

   – _____

5. – _____

   – _____

6. – _____

   – _____

7. – _____

   – _____

8. – _____

   – _____

98. Quando / desde quando?

Substitua as expressões sublinhadas, de acordo com os exemplos.

Sexta-feira - 12.00: O Dr. Ribeiro chega ao escritório e fala com a secretária.

Dr. Ribeiro — *O diretor-geral não telefonou, pois não?*
Secretária — *Telefonou, sim. Telefonou* | *há duas horas.*
                                                   às 10 horas.

Dr. Ribeiro — *A D. Sofia está?*
Secretária — *Está, mas está ocupada. Está numa reunião* | *há uma hora.*
                                                                  desde as 11 horas.

Dr. Ribeiro — E o Augusto?
Secretária — Saiu | há meia hora.
_____

Dr. Ribeiro — A Alexandra continua doente?
Secretária — Continua, coitada. Está de cama | há três dias.
_____

Dr. Ribeiro — Pediu as informações à agência de viagens?
Secretária — Com certeza. Pedi | há dois dias.
_____

Dr. Ribeiro — E já recebeu a resposta?
Secretária — Chegou mesmo agora um fax, | há cinco minutos.
_____

Dr. Ribeiro — O Sr. Rodrigues vem cá hoje falar comigo.
Secretária — Já cá está. Está à sua espera | há quinze minutos.
_____

Dr. Ribeiro — Então, vou já falar com ele. A sala 2 está livre?
Secretária — Está, sim. Já está livre | há hora e meia.
_____

99. Qual é o verbo? ⓘ

A. Qual é o verbo que pode usar com estas expressões?

1.	banho o pequeno-almoço um táxi	2.	um prémio muito dinheiro uma competição
3.	o comboio a carteira um jogo	4.	um passeio um presente um conselho
5.	uma gripe o autocarro uma bola	6.	uma fotografia o casaco o carro da garagem
7.	férias um cheque pela avenida	8.	à direita a página na primeira rua
9.	em casa muito contente perto da praia	10.	um vidro uma perna para o Algarve

B. Escreva uma frase à sua escolha com cada verbo.

1. _____

2. _____

3. _____

4. _____

5. _____

6. _____

7. _____

8. _____

9. _____

10. _____

100. O que é que ela já fez? ⓘ

São nove horas da manhã. A D. Olívia tem muitas coisas para fazer!

São três horas da tarde. O que é que ela já fez? O que é que ela ainda não fez?

_____

_____

_____

_____

_____

_____

_____

_____

101. Verbos misturados

A. Escreva as seguintes formas verbais na coluna correta do quadro.

> pode   põe   pôs   pôde   pomos   pusemos   vimos   vemos   vamos
> viemos   fui   faz   fez   foi   fiz   vim   vi   vê   vou   vem

	Presente			Pretérito perfeito		
	eu	ele	nós	eu	ele	nós
Fazer						
Ir						
Vir						
Ver						
Poder						
Pôr						

B. Complete as frases com os verbos do quadro no pretérito perfeito. Use cada verbo uma só vez.

1. Vocês _____ o filme que deu ontem na televisão?

2. Onde é que tu _____ as chaves do carro?

3. Eles foram a pé, mas _____ de autocarro.

4. O que é que vocês _____ no domingo?

5. Eles não _____ ir a Coimbra, porque o carro avariou.

6. Onde é que tu _____ nas últimas férias?

102. O diário da Rita

Leia as notas que a Rita escreveu no diário sobre os últimos dois dias.

A. Diga o que ela fez na 6.ª feira, usando frases completas.

Sexta-feira, 12

Manhã: aulas (de autocarro). Acidente na avenida — 1/2 hora atrasada!
13h: casa — almoçar
Tarde: com a Susana — fazer compras (carteira, sapatos)
18h: consulta no dentista
Noite: em casa (filme na televisão)

_____

_____

_____

_____

_____

B. Imagine que é a Rita. Conte o que fez no sábado (escreva na 1.ª pessoa).

Sábado, 13

10h: encontro com Eva — cabeleireiro
Biblioteca — trazer livros para ler
Tarde: saída com Luís (passeio pela praia)
Noite: anos Sílvia — festa!!! Até 4h manhã!

_____

_____

_____

_____

_____

103. Verbos cruzados (2)

A. Complete com os seguintes verbos no pretérito perfeito.

HORIZONTAIS		VERTICAIS	
1. fazem	5. há	8. sou	12. tem
2. trazem	6. dá	9. ponho	13. sabe
3. diz	7. queremos	10. vemos	14. vamos
4. podem		11. estás	15. venho

B. Escreva uma frase completa com cada um destes verbos no pretérito perfeito (use uma pessoa diferente, à sua escolha).

1. Ontem, ela _____.
2. _____.
3. _____.
4. _____.
5. _____.
6. _____.
7. _____.
8. _____.
9. _____.
10. _____.
11. _____.
12. _____.
13. _____.
14. _____.
15. _____.

104. O Jorge também!

A Matilde e a Sofia estão a falar sobre os namorados. Faça frases comparativas, de acordo com os exemplos.

Exemplo: *O Jorge é tão inteligente como o António.*
O Jorge tem tantos cursos como o António.

O António é muito inteligente, tem dois cursos universitários!

O Jorge também! E fala quatro línguas.

O António também! Ele tem um emprego ótimo, ganha muito bem!

O Jorge também! Mas tem muitas responsabilidades e trabalha muito...

O António também! Mas tem uma casa enorme! E dois carros!

O Jorge também! O pior é que guia sempre muito depressa...

O António também! Eu preocupo-me imenso!

Eu também! Mas ele é tão simpático... Telefona-me imensas vezes!

O António também!

_____

_____

_____

_____

_____

_____

_____

105. Quem trabalha mais?

Imagine como é a vida do Sr. Peixoto e a do Dr. Fernandes. Depois, faça frases comparativas.

Exemplo: *O trabalho do Dr. Fernandes deve ser mais interessante do que o do Sr. Peixoto. Acho que o Sr. Peixoto viaja muito menos do que o Dr. Fernandes.*

_____

_____

_____

_____

_____

_____

106. Mínimos e máximos

Os quadros apresentam diversas informações sobre 3 modelos de carrinhas e 3 modelos de televisores. Faça frases usando *"o/a/os/as ... mais/menos..."*.

Exemplos: *As carrinhas B e C são as mais confortáveis.*
A carrinha A é a que consome menos.

CARRINHAS FAMILIARES

	A	B	C
Consumo	6,3 l / 100 kms	6,9 l / 100 kms	7,2 l / 100 kms
Conforto	++	+++	+++
Segurança	++	+	++
Ruído	+	+ / -	++
Tamanho da bagageira	+	++	+

_____

_____

_____

_____

_____

TELEVISORES

	X	Y	Z
Características	72 cm 99 programas	63 cm 70 programas	63 cm 99 programas
Qualidade da imagem	++	+	+++
Qualidade do som	++	++	+
Facilidade de utilização	+	++	+ / -
Preço	549,50 €	472,60 €	499,90 €

_____

_____

_____

_____

107. O cliente difícil

Numa loja, um vendedor quer convencer o Sr. Pinheiro a comprar uma máquina de café. Mas é dificílimo!
Complete o diálogo com uma palavra adequada, de acordo com o exemplo.

Sr. Pinheiro — *E o consumo de eletricidade? Não gasta muito?*

Vendedor — *Esta máquina? Não, gasta <u>pouquíssimo!</u>*

Sr. Pinheiro — É um pouco cara...

Vendedor — Não é nada cara, está em promoção, é _____!

Sr. Pinheiro — E é mesmo boa?

Vendedor — Claro que é boa! É _____!

Sr. Pinheiro — É não é difícil limpar o interior?

Vendedor — De modo nenhum! É _____!

Sr. Pinheiro — Este material não parece muito forte...

Vendedor — Mas é! É _____! Isto não parte!

Sr. Pinheiro — Acho que é pequena...

Vendedor — Pequena? Esta máquina é _____! Dá para doze chávenas!

Sr. Pinheiro — E mantém o café quente?

Vendedor — Com certeza. Aqui dentro, o café está sempre _____! Então, vai levar?

Sr. Pinheiro — Ah, agora não... Estou com pressa, tenho de me ir embora...

Vendedor — São só três horas, ainda é cedo.

Sr. Pinheiro — Três horas? Para mim, já é _____! Obrigado e boa tarde!

108. Que gelado tão bom!

Observe as figuras e faça frases exclamativas de acordo com o exemplo.

1. *Que gelado tão bom! Ele vai comer tanto! O gelado é tão grande!*

2. _____

3. _____

4. _____

5. _____

6. _____

7. _____

8. _____

9. _____

109. Um crime

O Sr. Pimenta foi assassinado e a polícia está a interrogar a empregada.
Complete as respostas.

Polícia   – *O Sr. Pimenta fez alguma viagem recentemente?*

Empregada – *Não, <u>não fez nenhuma viagem.</u>*

Polícia   – Ele teve algum problema de saúde?

Empregada – Não, _____

Polícia   – No dia do crime, veio alguém visitar o Sr. Pimenta?

Empregada – Não, _____

Polícia   – Ele recebeu algum telefonema?

Empregada – Não, _____

Polícia   – E telefonou a alguém?

Empregada – Não, _____

Polícia   – Recebeu alguma carta?

Empregada – Não, _____

Polícia   – Por volta das 19h, a senhora ouviu alguma coisa estranha, barulho, vozes?

Empregada – Não, _____

Polícia   – Nos últimos dias, viu alguém no jardim ou aqui à porta de casa?

Empregada – Não, _____

Polícia   – Antes de a polícia chegar, a senhora tocou em alguma coisa?

Empregada – Não, _____

Polícia   – Sabe mais alguma coisa relacionada com este crime?

Empregada – Não, _____

110. Alguns, nenhum

Indique as diferenças entre as duas figuras. Use: *alguns, algumas, nenhum, nenhuma, alguém, ninguém, nada.*

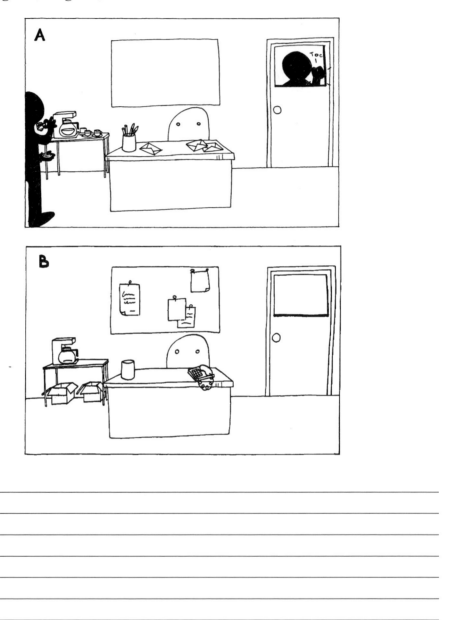

_____

_____

_____

_____

_____

_____

_____

_____

_____

_____

111. Não mora aqui...

Complete o diálogo. Use as palavras do quadro na forma correta (uma ou mais vezes).

> alguém   ninguém   tudo   nada   algum   vários   nenhum   todo   outro

– Desculpe, a senhora conhece o Sr. António Pereira?

– Não, não conheço _____ com esse nome.

– Ele mora neste prédio, acho que é no 2.º andar.

– No 2.º esquerdo não pode ser. Está vazio, não mora lá _____ .

– E no 2.º direito mora _____ ?

– Um casal, mas o senhor tem _____ nome, acho que é Rodrigues.

– Então, é n_____ andar, com certeza. É um senhor alto, forte. É polícia.

– Eu não conheço _____ as pessoas do prédio, mas penso que não mora aqui _____ polícia...

– E tem um cão preto, muito grande...

– Aqui há _____ cães, mas são _____ pequenos. Não me lembro de ver _____ cão grande.

– Bom, obrigada.

– Pergunte ali ao lado, no café, o empregado está lá _____ o dia. Ele sabe _____ o que se passa aqui no bairro e conhece _____ a gente. Acho que ele pode dar-lhe _____ informação.

– Não, já falei com ele e também não sabe _____ .

112. Ele pendurou-o ⓘ

A. Observe as figuras e faça frases de acordo com o modelo.

1. *Ele tirou o casaco e pendurou-o.*

2. Ele _____

_____

_____

_____

3. Eu _____

_____

_____

_____

4. Ela _____

_____

_____

_____

5. Tu _____

_____

_____

_____?

6. Ela _____

_____

_____

_____

7. Nós _____

_____

_____

_____

8. Eles _____

_____

_____

_____

B. Transforme as frases, de acordo com o exemplo.

1. *Ele tirou o casaco, mas não o pendurou.*

C. Complete livremente as frases com um verbo e um pronome.

1. Nós perdemos as chaves do carro e ainda não _____.

2. Ele pegou no jornal e _____.

3. Eles encontraram uma carteira e _____.

4. Nós fizemos os sumos e _____.

5. Ela tirou a camisola do armário, mas não _____.

6. Elas viram dois vestidos muito bonitos numa loja, mas não _____

_____.

113. Está a fazê-lo

Observe as figuras e faça frases de acordo com o exemplo.

1. *Ela vai passar a roupa a ferro.*   *Ela está a passá-la.*   *Ela passou-a toda!*

2. _____   _____   _____

_____   _____   _____

3. _____   _____   _____

_____   _____   _____

4. _____   _____   _____

_____   _____   _____

114. Já os enviei

O Dr. Vicente esteve fora durante alguns dias. Ele acaba de chegar e está a falar com a secretária.

Complete o diálogo com o verbo e o pronome apropriados.

Dr. Vicente – *D. Marília, enviou os faxes que eu lhe deixei?*

D. Marília – *Sim, senhor. <u>Enviei-os</u> todos.*

Dr. Vicente – E quando é que _____?

D. Marília – _____ na 3.ª feira à tarde.

Dr. Vicente – E também enviou as cartas?

D. Marília – Com certeza. Mas só _____ na 4.ª feira.

Dr. Vicente – Marcou a reunião com os novos clientes?

D. Marília – Sim, _____ para dia 24, às 10 horas.

Dr. Vicente – Muito bem. É preciso avisar os responsáveis pelas vendas.

D. Marília – Eu já _____.

Dr. Vicente – E eles receberam a agenda da reunião?

D. Marília – Sim, todos _____ ontem.

Dr. Vicente – Encomendou o papel de carta?

D. Marília – Claro. _____ na 3.ª feira e já o recebemos.

Dr. Vicente – E os envelopes?

D. Marília – Também _____, mas ainda não

_____. Só chegam amanhã.

Dr. Vicente – Arquivou as faturas?

D. Marília – _____ todas.

Dr. Vicente – E onde _____?

D. Marília – Nesta pasta que está aqui.

Dr. Vicente – Muito bem, D. Marília, fez um ótimo trabalho.

115. Para ou por?

A. Una as duas metades de cada frase, escrevendo o número correspondente no local correto.

1.	O comboio passa		pela janela.
2.	Comprei este casaco		por esta rua.
3.	Ela ficou em casa		para amanhã.
4.	Não posso fazer isto hoje. Fica		para o Algarve.
5.	Vá sempre em frente		por 75€.
6.	Depois do trabalho, nós fomos		para o João.
7.	Ele mandou os documentos		pela praia.
8.	Uma tesoura serve		para casa.
9.	Eles foram dar um passeio		para estudar.
10.	O ladrão entrou		pelo correio.
11.	No sábado, o Sr. Rogério vai		para cortar.
12.	Este presente é		por Coimbra.

B. Complete com *para* ou *por* (faça a contração, se necessário).

1. Eles foram _____ o sul _____ a autoestrada.

2. Eu comprei estas botas _____ a chuva _____ 57,50€.

3. Nós mandámos as caixas _____ o Brasil _____ avião.

C. Complete livremente as frases, usando *para...* ou *por...* .

1. Está um dia bonito. Vamos dar uma volta _____

2. Ela levantou-se cedo _____

3. O autocarro n.º 30 passa _____

4. Este livro é _____

5. Já acabou o relatório? Preciso dele _____

6. Ele vendeu o apartamento _____

7. O gato saiu _____

116. Preposições

A. Una as duas metades de cada frase, escrevendo o número correspondente no local correto.

1.	O Joaquim deixou
2.	Tu não respondeste
3.	Nós não acreditámos
4.	A Carla e o Raul vão mudar
5.	Todos concordaram
6.	Nós vamos pensar

à minha pergunta.
de casa.
com o Sr. Silva.
de fumar.
nesse assunto.
no que ele contou.

B. Complete livremente as frases. Faça a contração com o artigo, se necessário.

1. Ele saiu

às nove horas
de _____
com _____
para _____

2. Mandámos uma caixa

de _____
por _____
para _____
em _____

3. Eles partiram

a _____
para _____
de _____
com _____

4. Eu comprei um livro

sobre _____
por _____
em _____
para _____

117. O telefonema

O Sr. Pinto está a falar ao telefone com o Sr. Cruz, mas a comunicação não é fácil... Continue as perguntas do Sr. Cruz.

1. É o Sr. Cruz? — *Sim, sou eu.*
   Fala José Pinto. *Desculpe, mas estou a ouvir muito mal.*
   Estou a telefonar de Bzzzzzzzzz... *De onde é que está a telefonar?*

2. Eu encontrei-me com o Sr. Bzzzzzz.... _____?

3. Nós falámos sobre o Bzzzzzz... _____?

4. Mas ele vai para Bzzzzzzzzz... _____?

5. e vai ficar lá até Bzzzzzzz... _____?

6. Parece que eles querem vender por Bzzzzzzzzzzzzz... _____?

7. Eu mandei a proposta ao Dr. Bzzzzzzzzz... _____?

8. Porque as negociações começam no dia Bzzzzzzzzz... _____?

9. E eu estou à espera de Bzzzzzzz... _____?

10. Bom, está tudo claro, não está? ??????????

118. Analogias (3)

1. grande	– maior	mau	– _____
2. eu	– comigo	nós	– _____
3. abra!	– feche!	entre!	– _____
4. amanhã	– vai haver	ontem	– _____
5. ao Pedro	– a quem?	pela avenida	– _____
6. caro	– caríssimo	fácil	– _____
7. sabe	– soube	traz	– _____
8. precisar	– de	pensar	– _____
9. carros	– tantos	bonito	– _____
10. o Luís	– -o	ao Luís	– _____
11. algum	– nenhum	alguém	– _____
12. mais	– do que	tão	– _____

119. Prefixos

Junte *des-*, *i-*, *in-*, *im-* ou *ir-* para obter o oposto.

A.

1. _____feliz
2. _____conhecido
3. _____útil
4. _____necessário

5. _____possível
6. _____responsável
7. _____(h)onesto
8. _____correto

9. _____legal
10. _____completo
11. _____justo
12. _____arrumado

B.

1. _____aparecer
2. _____confiar
3. _____favorecer
4. _____apertar

C.

1. _____vantagem
2. _____compreensão
3. _____competência
4. _____igualdade

120. Uma receita

Escreva novamente a receita, substituindo os verbos no imperativo (conforme o exemplo).

SOBREMESA DE PERAS COM AMÊNDOA

Ingredientes:
1 kg de peras pequenas (maduras)
150 g de amêndoas picadas
1 colher de sopa de manteiga
4 ovos
2,5 dl de natas
1 limão (raspa da casca e sumo)
5 colheres de sopa de açúcar

Descasque as peras e corte em quartos. Junte o sumo de limão. Aqueça a manteiga na frigideira e salteie rapidamente os quartos de pera.
Bata os ovos com o açúcar, as amêndoas e a raspa do limão. Acrescente as natas.
Deite o creme numa tarteira. Por cima, ponha os quartos de pera.
Leve a forno moderado durante 30 minutos.

Descascam-se as peras e _____

_____

_____

_____

_____

_____

121. Avisos (3) ⓘ

Observe os avisos e faça frases, usando –se.

1.
| PASSAGEM |
| PROIBIDA |

2.
| Não aceitamos |
| cheques |

3.
| Escritórios |
| PARA VENDA |

4.
| EMPREGO |
| Cozinheiro/a |
| para restaurante |
| Bom salário |

5.
ⓘ

6.
| PARQUE |
| PAGAMENTO |
| Na caixa, antes de |
| retirar o carro |

1. _____

2. _____

3. _____

4. _____

5. _____

6. _____

122. O que se fez?   ⓘ

Leia a agenda de trabalho da reunião. Imagine que esteve presente e que, mais tarde, contou a um amigo o que aconteceu na reunião. Continue o diálogo, de acordo com o exemplo.

– *Então, o que é que se fez na reunião?*

– *Leram-se as conclusões da reunião anterior,* _____

_____

REUNIÃO – 22/06

Agenda de trabalho:

- *leitura das conclusões da reunião anterior*
- *apresentação dos resultados do inquérito*
- *discussão das propostas recebidas*
- *aprovação do novo plano de trabalho*
- *seleção dos candidatos ao estágio*
- *alteração do plano de férias*
- *marcação da próxima reunião*

_____

_____

_____

_____

_____

_____

_____

_____

123. A vida do Francisco

O Francisco mudou muito! Leia as informações do quadro e observe as figuras.
Depois, escreva um pequeno texto sobre o Francisco.

	Antigamente	**Atualmente**
Ocupação	estudante; à noite, emprego num restaurante	engenheiro numa empresa
Habitação	em Braga; quarto alugado	em Lisboa; moradia
Situação familiar	solteiro	casado 2 filhos
Meio de transporte	motorizada	automóvel
Tempos livres	desporto (futebol, natação), cinema	jantar com amigos ler jornais, jogar cartas

_____

_____

_____

_____

_____

_____

_____

_____

_____

_____

124. Aos dez meses...

A Joaninha e a irmã gémea eram meninas muito inteligentes! Observe as figuras e faça frases do tipo: *aos dez meses, elas já falavam!*

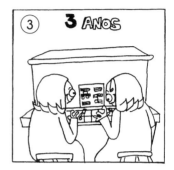

1. _____

2. _____

3. _____

4. _____

5. _____

6. _____

125. Verbos cruzados (3)

Complete com as formas verbais no pretérito imperfeito do indicativo.

HORIZONTAIS
1. queremos
2. venho
3. falas
4. és

VERTICAIS
5. vão
6. pões
7. temos
8. moram
9. fazem

126. Quando era criança...

A. O que fazia quando era criança? Complete a coluna *eu* do quadro.

B. Faça algumas frases completas a partir da informação do quadro.

	Eu	Rui	Isabel e Beatriz
1. viver / grande cidade		×	×
2. gostar / escola		×	✓
3. ser / bom aluno		×	✓
4. fazer / sempre / trabalhos de casa		×	✓
5. ter / animais		✓	×
6. ler / banda desenhada		✓	✓
7. ir / circo		✓	×
8. andar / bicicleta		✓	✓
9. comer / sopa		×	×

1. _____
2. _____
3. _____

4. _____
5. _____
6. _____
7. _____
8. _____
9. _____

127. O que é que eles estavam a fazer?

A. Observe as figuras e complete o texto.

Quando a Teresinha entrou na sala, o Pedro estava a comer um chocolate.
A Susana _____

_____

_____

_____

B. Mas, alguns minutos mais tarde, quando a professora entrou na sala, o que é que eles estavam a fazer? →

_____

_____

_____

_____

_____

128. Quando ele entrou...

Observe as figuras e faça frases do tipo: _quando eu entrei, ele estava a ler._

1._____

_____

_____

_____

_____

_____

2._____

3._____

4._____

129. Quadro de verbos

Presente	Pretérito Perfeito	Pretérito Imperfeito
estudam		
	compreendeu	
		partias
tenho		
	viemos	
		punham
somos		

130. Uma manhã difícil

Complete o texto de acordo com as figuras.

Naquela manhã, o Carlos (1.) _____

profundamente quando o despertador tocou. (2.) _____

horas. Arranjou-se rapidamente, porque (3.) _____

_____ .

Quando saiu de casa, (4.) _____ . Ao

aproximar-se do carro, teve uma surpresa desagradável: (5.) _____

_____ . Viu um táxi, mas (6.) _____

_____ . Decidiu apanhar o autocarro. Mas, quando chegou à

paragem, (7.) _____ . Passou um

autocarro, mas (8.) _____ e ele não pôde

entrar. Olhou para o relógio. Já (9.) _____ e

ele (10.) _____ , porque

(11.) _____ . Resolveu

voltar para casa. (12.) _____ !

131. Duas histórias ⓘ

Complete com os verbos apropriados na forma correta.

1. O Fernando _____ um acidente ontem à tarde, quando _____ para casa. O carro da frente _____ de repente e ele não _____ parar a tempo, porque a estrada _____ molhada. A culpa _____ dele, porque _____ muito depressa.

2. Esta manhã, eles _____ de ir para Coimbra de carro, porque _____ o comboio. O despertador _____ às sete horas, mas eles _____ a dormir profundamente e não o _____! Já _____ oito e meia quando _____. Ainda _____ um táxi para a estação, mas a essa hora já _____ muito trânsito. _____ lá cinco minutos depois da partida do comboio!

132. Pedidos e desejos

ⓘ

Expresse estes pedidos e desejos de uma forma mais delicada.

1. – Um café e uma torrada!   *– Queria um café e uma torrada, se faz favor!*

2. – Abra a janela!   _____

3. – Que horas são?   _____

4. – Traga a conta!   _____

5. – Preciso de uma informação!   _____

6. – Onde são os Correios?   _____

7. – Quero falar com o Sr. Pinto.   _____

8. – Preciso de sair mais cedo.   _____

9. – Qual é a sua morada?   _____

10. – Espere um pouco.   _____

11. – Prefiro ir no sábado.   _____

12. – Mostre-me aquele livro.   _____

133. Um acidente

A. Complete a notícia com as palavras do quadro.

outras	durante	ficaram	já	causas	da	eram
estiveram	mau	contrário	segundo	que	quando	
sair	de	-se	ainda	feridos	seguiam	por

Quatro pessoas _____ feridas na sequência _____ um acidente

_____ envolveu três viaturas. _____ cerca de 7 horas da manhã

_____ se deu o embate, _____ informou a polícia. Um dos

carros saiu _____ faixa de rodagem e chocou contra as _____

duas viaturas, que _____ em sentido _____.

Desconhecem_____ as _____ que levaram o carro a

_____ da sua faixa, mas pensa-se que o _____ tempo e o

excesso de velocidade _____ na origem do acidente.

Os _____ receberam tratamento no hospital, mas apenas um

_____ se encontra internado.

O trânsito esteve interrompido _____ algum tempo, mas a circulação

_____ estava normalizada _____ volta das 7.30.

B. Escreva as perguntas.

1. _____ ?

   Quatro.

2. _____ ?

   Cerca das 7 da manhã.

3. _____ ?

   Não se sabe.

4. _____ ?

   Não, só um.

Nº 33 . Un acidente

INFORMAÇÕES SUPLEMENTARES

Neste capítulo, sugerem-se algumas estruturas e vocabulário importantes para a realização das atividades assinaladas com o símbolo ⓘ.

O vocabulário sugerido é apresentado por ordem alfabética, exceto nos casos em que está numerado. Os verbos encontram-se geralmente no infinitivo e os adjetivos no masculino singular. As alterações necessárias (género, número, etc.) deverão ser feitas pelo aluno.

1. Quem são eles?
alemão / espanhol / inglês / italiano / português / sueco
empregado de mesa / estudante / mecânico / médico / professor / secretária

3. Muito prazer!
1. sou / sou / é / é / falo / fala
2. sou / sou / sou / sou / sou / é / somos / são / são / falamos / falam

5. Ele está...
cansado / contente / doente / ocupado / sentado

6. Onde é que estão?
estar em + os Correios / a escola / a farmácia / o restaurante / o supermercado

7. Diálogos
1. em / está / está / está
2. cansadas / estão / estão / estão / onde / sentadas
3. está / está / está / no / no / ocupada
4. contentes / estão / estão / estão / na / na

8. Onde mora?
Faro / o Porto / o Rio de Janeiro
um apartamento / uma casa
uma agência de viagens / um banco / uma empresa de transportes

11. Opostos

alto	estreito	leve
baixo	fino	magro
barato	gordo	novo
caro	grande	pequeno
comprido	grosso	pesado
curto	largo	velho

12. Onde está o pássaro?

à frente	debaixo	em frente
ao lado	dentro	entre
atrás	em cima	fora

14. Está aberto?

os candeeiros	o dia	a luz	os sapatos
o chão	a garrafa	a porta	a sopa
as chávenas	as janelas	o rádio	a televisão

16. Ser ou estar (2)?

o armário / a cadeira / o copo / a garrafa / o homem / a janela / a luz / a mesa / a mulher / a planta (o vaso) / o rádio

17. Plural

A. o candeeiro / o cão / o computador / a flor / o jornal / a mulher / a pasta / o telefone

19. De quem é esse caderno?

a camisola	os livros	a raqueta
as canetas	os óculos	os sapatos

25. A família do Ricardo

sou / é / é / é / é / são

tenho / tem / tem / temos / têm / têm / têm / têm

meu / minha / minha / minhas / nossa / nossos / dele / dela /deles / deles

mulher / mulher / marido / filha / filha / filho / filho / filhas / filhas / filhos / filhos / irmãs / irmãs / irmão / irmão

31. Encontre as diferenças

beber	correr	ler um livro
comer um gelado	dormir	nadar
comprar um gelado	falar ao telefone	ouvir música / o rádio
conversar	jogar à bola	tirar fotografias

38. Mas, porque, portanto...

1. não jogar ténis / estar a chover
2. estar doente / não estar na escola
3. ser domingo / estar a trabalhar
4. estudar muito / ter boas notas
5. comer muito / ser magra
6. não estar a dançar (não estar na discoteca) / estar a dormir

40. Para quem é?

para | mim
     | ti
     | si
     | ela

para | nós
     | vocês
     | quem?

41. Ao meu lado, atrás de mim

ao meu lado	ao seu lado	ao lado dele / dela
à minha frente	à sua frente	à frente dele / dela
atrás de mim	atrás de si	atrás dele / dela

43. Onde vai?

ir a + | o Brasil
       | os Correios
       | a farmácia
       | o hospital
       | Madrid
       | o parque
       | a praia

ir de | autocarro
      | avião
      | bicicleta
      | comboio
      | motorizada
      | táxi

ir a pé

46. Está com fome?

estar com | calor
ter | dores de cabeça
          | frio
          | pressa
          | sede
          | sono

abrir a janela
apanhar um táxi
beber
dormir
ligar o aquecedor
tomar um comprimido

47. Querer e precisar

A. um despertador
   uma faca
   um isqueiro

B. a farmácia
   a livraria
   a padaria

52. É maior do que esse

as calças	alto	comprido
a carteira	barato	curto
os sapatos	baixo	grande
o vestido	caro	pequeno

56. Sabe cozinhar?

andar de bicicleta	guiar	nadar
cozinhar	jogar xadrez	tocar piano

58. Conhecer ou saber?

sei / sei / sabes / sabes / sabe

conheço / conheço / conheces / conhece

61. O que é que eles vão fazer?

atravessar	o autocarro
comer	a carta
comprar	o carro
entrar (em)	compras
enviar	o filme
fazer	o gelado
parar	o jornal
tomar / apanhar	a rua
ver	
virar	

68. Ele vem comigo

comigo / contigo / consigo / com ele / connosco / convosco / com elas

71. É bom observador?

andar de mota / comer muitos chocolates / estudar matemática / gostar de viajar / jogar ténis / ler banda desenhada / nadar / ser desarrumada / ter muitos CD / tirar fotografias / tocar viola

76. Com que frequência?

andar de avião	ir ao cabeleireiro	lavar o carro
estudar	ir ao dentista	ouvir música
fazer exercício físico	jantar no restaurante	ver televisão

78. Lembra-se?

A. aborrecer-se / fazer / levantar-se / levantar-se/ sentar-se / sentir-se / sentir-se / ver

B. chamar-se / chamar-se / encontrar-se / esquecer-se / lembrar-se / lembrar-se / lembrar-se / perguntar /

83. Avisos (1)

apertar o cinto / beber / entrar / fazer barulho / fumar / parar / virar à direita

84. Diga-me...
2. dizer / 3. mostrar / 4. contar / 5. emprestar / 6. enviar ou mandar

85. Instruções
abrir / dar / dizer / esquecer-se / fazer / ir / ler / pedir / telefonar / ver / vir

86. Partes do corpo
barriga / braço / cabeça / costas / joelho / mão / pé / peito / perna / pescoço

87. Os extraterrestres
a barriga	o braço	o dedo	a mão	o olho
a boca	a cabeça	o dente	o nariz	a orelha

88. Ginástica
ficar de pé / sentar-se (no chão) / deitar-se

levantar	um braço	pôr	as mãos	ao lado da cabeça
dobrar	uma perna		os pés	no chão
estender				
tocar em…				

90. No médico

dói-me	a cabeça	tenho dores de	cabeça
	a garganta		garganta
	o estômago		estômago
doem-me	as costas		costas

tenho insónias / não consigo dormir

91. Deve ser...
a bola / o capacete / os charutos / o frasco de perfume / a gravata / os patins / o relógio / os ténis

99. Qual é o verbo?
apanhar / dar / ficar / ganhar / partir / passar / perder / tirar / tomar / virar

100. O que é que ela já fez?
arrumar (a roupa)	lavar (a louça / os vidros)
aspirar (o chão)	meter (a roupa na máquina)
fazer (a cama / compras)	passar a ferro

107. O cliente difícil
baratíssima / enorme / facílimo / fortíssimo / ótima / quentíssimo / tardíssimo

112. Ele pendurou-o

A.

2. fazer um bolo / comer o bolo
3. comprar uma revista / ler a revista
4. sentar-se em cima dos óculos / partir os óculos
5. escrever as cartas / enviar as cartas
6. receber um ramo de flores / pôr o ramo de flores numa jarra
7. ver uma televisão em promoção / comprar a televisão
8. comprar um frasco de perfume / oferecer o frasco à mãe

113. Está a fazê-lo

abrir os presentes / cortar a relva / fazer os exercícios

121. Avisos (3)

1. poder passar / 2. aceitar / 3. vender / 4. precisar – pagar /
5. dar informações / 6. pagar

122. O que se fez?

alterar / apresentar / aprovar / discutir / marcar / selecionar

131. Duas histórias

1. conseguir / estar / ir / ser / ter / travar / voltar
2. acordar / apanhar / chegar / estar / haver / ouvir / perder / ser / ter / tocar

132. Pedidos e desejos

Eu queria... / Eu gostava de... / Eu preferia... / Eu precisava de...
Podia... / Não se importava de... / Dizia-me...

CORREÇÕES

Muitas atividades permitem diversas respostas. Nesses casos, as respostas indicadas não são as únicas possíveis e devem ser utilizadas como exemplos.

1. Quem são eles?

Eu sou o Luís. Sou português, de Faro. Eu sou professor.

A Carmen é espanhola, de Sevilha. Ela é médica.

A Francesca e a Lucia são italianas, de Milão. Elas são secretárias.

O Ralf e o Andreas são alemães, de Munique. Eles são estudantes.

A Anne é sueca, de Estocolmo. Ela é empregada de mesa.

O Peter é inglês, de Londres. Ele é mecânico.

2. Que língua fala?

1. O John é americano. Fala inglês.
2. Nós somos espanhóis / alemães. Falamos espanhol / alemão.
3. Elas são chinesas. Falam chinês.
4. Vocês são alemães / espanhóis. Falam alemão / espanhol.
5. Ela é japonesa. Fala japonês.
6. Tu és brasileiro. Falas português.

3. Muito prazer!

1. é / Sou / é / Sou / fala / falo
2. são / Somos / sou / Sou / sou / sou / são / sou / é / falam / Falamos

4. Bom dia

1. – Bom dia! Como está?
   – Bem, obrigada. E o senhor?
   – Também estou bem, obrigado.
2. – Olá, estás bom?
   – Estou ótimo. E tu?
   – Também, obrigada.

5. Ele está...

1. sentado
2. contente
3. cansado
4. ocupado
5. doente

6. Onde é que estão?

2. Eu estou na escola.
3. Vocês estão no restaurante.
4. Tu estás na farmácia.
5. Eles estão nos Correios.
6. A senhora está no supermercado.

7. Diálogos

1. está / Está / em / Está
2. Onde / estão / Estão / sentadas / Estão / cansadas.
3. está / no / está / no / Está / ocupada.
4. estão / na / estão / na / Estão / contentes.

8. Onde mora?

2. A Maria e o Carlos moram no Porto, num apartamento. Trabalham numa empresa de transportes.
3. O Dr. Ribeiro mora no Rio de Janeiro, num apartamento. Trabalha numa agência de viagens.
4. A D. Lurdes e o Sr. Lopes moram em Faro, numa casa. Trabalham num banco.

9. É português?

senhor / é / sou / holandês / em / engenheiro / trabalho / numa / holandesa / Mora / moro

10. No museu

2. – O que é isso?
   – Isto é um rádio.
3. – O que é aquilo?
   – Aquilo é uma bicicleta.
4. – O que é aquilo?
   – Aquilo é um relógio.
5. – O que é isso?
   – Isto é um telefone.
6. – O que é isto?
   – Isso é um candeeiro.

11. Opostos

1. grande / pequeno
2. alto / baixo
3. curto / comprido
4. fino / grosso
5. estreito / largo
6. gordo / magro
7. caro / barato
8. velho / novo
9. leve / pesado

12. Onde está o pássaro?

1. dentro
2. em frente
3. debaixo
4. ao lado
5. atrás
6. entre
7. em cima
8. fora
9. à frente

13. Os gatos da D. Antónia

A.

3 - a janela	6 - a jarra	10 - a televisão
7 - o relógio	2 - o candeeiro	12 - a gaveta
4 - a estante	5 - os livros	8 - o sofá
11 - o armário	1 - o quadro	9 - a almofada

B. Os gatos estão:
1. em cima do armário, ao lado do candeeiro
2. em cima do armário, atrás do candeeiro
3. dentro da gaveta
4. dentro do armário
5. debaixo do armário
6. em cima do sofá, ao lado da almofada
7. fora de casa
8. atrás do sofá
9. entre o sofá e a estante
10. na estante, entre a jarra e os livros
11. na estante, ao lado do relógio
12. em cima da mesa, à frente da televisão

14. Está aberto?

1. A garrafa está vazia.
2. As janelas estão abertas.
3. A sopa está quente.
4. Os candeeiros estão acesos.
5. A porta está fechada.
6. A luz está apagada.
7. As chávenas estão cheias.
8. O chão está limpo.
9. Os sapatos estão sujos.
10. A televisão está desligada.
11. (O dia) está frio.
12. O rádio está ligado.

15. Ser ou estar (1)?

A. O livro é interessante / está dentro da pasta.

As chávenas são brancas / estão vazias / estão em cima da mesa.

O casaco é preto / é comprido / está sujo.

A televisão é grande / está ligada / está na sala.

As portas são largas / são castanhas / estão abertas.

B. Respostas possíveis:

1. O Sr. Gonçalves é muito alto / está cansado / está em casa.

2 .A Carla é médica / está em casa / está muito ocupada.

3. Os amigos do Pedro são portugueses / são simpáticos / estão em casa.

4. As crianças estão sentadas no sofá / estão em casa.

5. O Vítor é muito alto / está em casa / está cansado.

6. Os meus colegas são portugueses / são simpáticos / estão em casa.

7. A D. Isabel é médica / está em casa / está muito ocupada.

8. A secretária está em casa / está muito ocupada.

16. Ser ou estar (2)?

Exemplos de frases possíveis:

As cadeiras são baixas. A mulher está em pé / O homem não está em pé. O rádio está ligado. A mulher é magra. A janela não está aberta. O rádio está em cima do armário. As cadeiras são confortáveis. A janela é larga. A planta está ao lado do armário / Os copos estão ao lado da garrafa. A mesa é comprida. Os copos estão cheios / A garrafa não está cheia. A luz está acesa.

17. Plural

A. duas flores, dois jornais, duas mulheres, dois candeeiros, dois computadores, dois telefones, dois cães, duas pastas.

B. 1. quatro filmes bons

2. cinco restaurantes portugueses

3. oito reuniões importantes

4. onze mulheres jovens

5. treze papéis brancos

6. quinze homens felizes

7. dezasseis cartões especiais

8. dezassete turistas alemães

9. dezanove rapazes simpáticos

18. Quanto custa?

19. De quem é esse caderno?

2. – De quem é esta raqueta?	– Essa raqueta é da ...
3. – De quem é aquela camisola?	– Aquela camisola é do ...
4. – De quem são estes sapatos?	– Esses sapatos são da ...
5. – De quem são essas canetas?	– Estas canetas são do ...
6. – De quem são esses óculos?	– Estes óculos são do ...
7. – De quem são aqueles livros?	– Aqueles livros também são do ...

20. Qual é a ordem?
1. Esse livro não é do Pedro.
2. Nós moramos num apartamento novo.
3. Aquela senhora não fala português.
4. O telefone está em cima da mesa.
5. Onde é que está o Sr. Pinto?
6. O Jorge e o Raul (O Raul e o Jorge) trabalham num banco.
7. As canetas estão dentro da gaveta.

21. Singular e plural
1. Aquelas senhoras estão muito cansadas.
2. Eu não estou doente.
3. Nós somos médicos e trabalhamos em Coimbra.
4. Esse senhor é alemão, mas mora em Portugal.

22. É meu

1. tenho	É minha.
2. temos	É nosso.
3. têm	É delas.
4. tem	É dele.
5. tens	É tua.
6. tem	É sua.
7. têm	É vosso.
8. tem	É dela.
9. tens	É teu.
10. têm	É deles.

23. Esse livro é seu?

2. Não, este casaco não é meu. O meu casaco ...
3. Não, aquele carro não é nosso. O nosso carro ...
4. Não, esses óculos não são da Alexandra. Os óculos dela ...
5. Não, aquela casa não é deles. A casa deles ...

24. Tem um carro?

1. têm / temos / Temos / tem / vosso / nosso / tem
2. – Vocês têm filhos?
   – Nós temos uma filha e um filho.
   – Quantos anos tem a vossa filha?
   – A nossa filha tem 2 anos.
   – E quantos anos tem o vosso filho?
   – O nosso filho tem 10 meses.
3. – João, tens / tem um carro?
   – Sim, eu tenho um carro.
   – De que cor é o teu / seu carro?
   – O meu carro é preto.
   – E a tua / sua mulher também tem um carro?
   – Sim, ela também tem um carro.
   – De que cor é o carro dela?
   – O carro dela é vermelho.
4. – Vocês têm um gato?
   – Não, nós temos dois cães.
   – Como são os vossos cães?
   – Os nossos cães são grandes e castanhos.
5. – Tens / Tem um telemóvel?
   – Sim, tenho (um telemóvel).
   – Qual é o número do teu / seu telemóvel?
   – O número do meu telemóvel é o 978.473.500.

– E a tua / sua mulher também tem (um telemóvel)?
– Sim, ela também tem (um telemóvel).
– E qual é o número (do telemóvel) dela?
– O número (do telemóvel) dela é o 948.550.721.

25. A família do Ricardo
é / minha / sou / minha / mulher / temos / filha / filhos / nossa / filha / tem / nossos / filhos / têm

tenho / irmão / irmãs / meu / irmão / é / mulher / dele / têm / filhas / filhas / deles / têm

minhas / irmãs / são / é / é / marido / dela / têm / filho / filho / deles / tem

26. Quantos há?
há dois hotéis / há quatro pensões / há dois centros comerciais / há três parques de estacionamento / há dois museus / há dois jardins / há dois hospitais / há duas estações / há cinco paragens de autocarros

27. O que há?
1. Não há bilhetes para sábado, mas há bilhetes para domingo.
2. Neste restaurante, há vitela assada, mas não há pescada grelhada.
3. Na região, há um castelo e duas igrejas românicas para visitar. Para dormir, há um hotel e uma pousada. Não há um parque de campismo.

28. "Há" ou "tem"?
1. Há
2. tem
3. tem
4. há
5. há

29. Analogias (1)
1. profissão
2. novo
3. no
4. japonesa
5. país

6. jornais
7. onde?
8. atrás
9. o seu carro
10. estar

30. Qual é a palavra diferente?
1. colega
2. fechado
3. estão
4. cadeira

5. essa
6. amigo
7. livro

31. Encontre as diferenças

Na figura A:
1. O homem com óculos está a falar ao telefone.
2. A jovem está a ler um livro.
3. As crianças estão a jogar à bola.
4. O homem e a senhora estão a conversar.
5. O cão está a dormir.
6. O rapaz está a comer um gelado.

Na figura B:
O homem com óculos está a ouvir música / o rádio.
A jovem está a tirar fotografias.
As crianças estão a nadar.
O homem e a senhora estão a beber.
O cão está a correr.
O rapaz está a comprar um gelado.

32. Fala ou está a falar?
1. fala / está a falar
2. estamos a tomar / tomamos
3. toca / está a tocar
4. estão a jogar / jogam
5. está a estudar / estuda
6. trabalhamos / estamos a trabalhar

33. O que estão a fazer?
têm / filhas / da / com
é / está
no / está / carro
está na / fazer / dela / na / sentada / a ver / estão na / estão a tomar / deitado / debaixo / dormir / estão / andar / a estudar / quarto / está / lavar / na casa de banho (no quarto de banho).

34. A que horas?
1. – ... acordam?
   – ... acordo ... acordam ... quarenta.
2. – ... começas ...
   – Eu começo a trabalhar às nove e um quarto (nove e quinze).
   – ... começa a trabalhar às nove horas e a minha mãe começa às nove e meia (nove e trinta).
3. – ... é que ... almoçam?
   – ... almoçamos à uma e vinte. O meu pai almoça ao meio dia e meia (às doze e trinta).
4. – A que horas ... acabas o trabalho?
   – Eu acabo às seis e um quarto (às dezoito e quinze).
   – ... acabam às seis e um quarto (às dezoito e quinze)?
   – ... A minha mãe acaba às seis (às dezoito) e o meu pai acaba às seis e meia (às dezoito e trinta).

5. – E a que horas é que ... chegam a casa?
   – ... chegamos às dezoito e quarenta (sete menos vinte, vinte para as sete) ... o meu
      pai chega às dezoito e cinquenta e cinco (sete menos cinco, cinco para as sete).
6. – A que horas é que ... jantam?
   – ... jantamos às oito (às vinte) horas.

35. Horários
1. – ..., a que horas abre ...?
    – Abre às ... fecha às ...
    – ... aberta ...?
    – ... fechada.
2. – ... A que horas parte ...?
    – ... parte às ...
    – ... a que horas chega?
    – Chega às ...
    – ...
    – O seguinte parte às onze e trinta e chega às doze e cinco.
3. – ... a que horas começa ...?
    – ... começa às ...
    – ... a que horas acaba?
    – ...
    – ... sessão?
    – Começa às ... acaba às ...
    – ... bilhetes ... primeira sessão .... Quanto é?
    – São ...

36. Frases cortadas (1)
1. O Carlos nunca bebe café depois do almoço.
2. Nós abrimos os livros na página 17.
3. O comboio parte às nove horas.
4. Os meus vizinhos | trabalham num banco.
6. Vocês não | gostam de música clássica?
9. Os senhores | compreendem bem português.
5. Tu | comes torradas ao pequeno-almoço?
10. Tu | ficas em casa hoje à noite?
7. Eu não escrevo muitas cartas.
8. Eu e a minha família vivemos em Portugal.

37. Perguntas (1)
1. De quem ...   É meu.
2. Quando ...   No sábado.
3. O que ...   Um sumo de maçã.

4. Quem ...	É a nova secretária.
5. Quanto ...	Cinquenta euros.
6. Que ...	São nove e meia.
7. Qual ...	Sou arquiteto.
8. Onde ...	Na estante.
9. Quantos ...	Vinte e dois.
10. De onde ...	É de Coimbra.
11. Como ...	É grande e tem um jardim.

38. Mas, porque, portanto...

1. Ele não está a jogar ténis, porque está a chover.
2. Ela está doente, portanto, não está na escola.
3. É domingo, mas ele está a trabalhar.
4. Ela estuda muito, portanto, tem boas notas (é boa aluna).
5. Ela come muito, mas é magra.
6. Ela não está a dançar (não está na discoteca), porque está a dormir.

39. É, não é?

A.

1. não está?	4. pois não?	7. não é?
2. pois não?	5. não são?	8. pois não?
3. não chegam?	6. não têm?	9. não falam?

B.

2. Ela mora em Coimbra, não mora?
3. Ela tem 27 anos, não tem?
4. Ela é arquiteta, não é?
5. Ela não trabalha em Coimbra, pois não?
1. O Pedro e o João não são irmãos, pois não?
2. Eles são estudantes, não são?
3. Eles não estudam Medicina, pois não?
4. Eles falam inglês, não falam?
5. Eles têm um apartamento no Porto, não têm?

40. Para quem é?

ti / mim / para vocês / para nós / é para ela / é para si / quem / para ti / é para mim

41. Ao meu lado, atrás de mim

2. – Ao meu lado está o Dr. José Nunes.
3. – ... si?
   – ... mim está a Dr.ª Fátima.
4. – Quem é o senhor que está atrás do Sr. Silva?
   – Atrás dele está o Sr. Monteiro.

5. – Quem é a senhora que está à sua frente?
   – À minha frente está a D. Maria João.
6. – Quem é o senhor que está à frente do Sr. Silva?
   – À frente dele está o Sr. Alberto.

42. Diálogos curtos

A.

1. Bem, obrigado.   3. Muito prazer!   5. Não faz mal.   7. Tudo ótimo!
2. Faça favor.   4. Até amanhã!   6. De nada.   8. Igualmente.

B.

3. Bom   5. Bom   7. Boa
4. Boas   6. Boa   8. Bom

43. Onde vai?

2. Eles vão ao Brasil de avião.   6. A senhora vai à farmácia a pé.
3. Eu vou ao hospital de táxi.   7. Vocês vão a Madrid de comboio.
4. Tu vais aos Correios de motorizada.   8. Nós vamos à praia de bicicleta.
5. Nós vamos ao parque de autocarro.

44. Frases cortadas (2)

Respostas possíveis:

1. Tu estás	em Lisboa / casa	5. Tu vais	a Lisboa / casa
2. Nós estamos	na piscina / escola	7. Nós vamos	à piscina / escola
4. Eles estão	no cinema / escritório	3. Eu vou	ao cinema / escritório
6. Vocês estão	no supermercado / café	4. Eles vão	ao supermercado / café
8. Ela está		6. Vocês vão	

45. Hora de almoço

é / têm / temos / onde / Vão / vou / frente / muita / Como / sumo / a / tempo / ir / perto /
minutos / pé

46. Está com fome?

2. Ela está com sede / tem sede. Quer beber.
3. Nós estamos com frio / temos frio. Queremos ligar o aquecedor.
4. Eles estão com calor / têm calor. Querem abrir a janela.
5. Tu estás com dor de cabeça / tens dor de cabeça? Queres tomar um comprimido?
6. Ele está com pressa / tem pressa. Quer apanhar um táxi.
7. Vocês estão com sono / têm sono? Querem dormir / ir para a cama?

47. Querer e precisar

A. 2. ... querem ... Precisam de uma faca.
   3. ... queremos ... Precisamos de um despertador.
   4. ... quer ... Precisa de um isqueiro / de fósforos.

B. 2. ... queres... Precisas de ir à farmácia.
   3. ... querem ... Precisam de ir à livraria.
   4. ... quer ... Precisa de ir à padaria.

48. Há pouco...

Há muito queijo. Há poucos iogurtes. Há muita fruta. Há poucas bolachas.
Há pouca água. Há muitos sumos.

49. No supermercado

	água	leite	uvas	manteiga	batatas	ovos	chocolates	compota	sardinhas	azeite	bolachas	carne	fiambre	cerveja	champô
1 lata de									✓		✓			✓	
1 frasco de								✓							✓
1 pacote de		✓		✓							✓				
1 dúzia de						✓									
1 caixa de							✓								
1 garrafa de	✓	✓								✓				✓	
1 saco de					✓										
1 quilo de			✓		✓							✓			
250 gr. de				✓									✓		

50. Gostos e preferências

Sugestões:
1. ... adora ... detestam.
2. ... gosta de ..., ... gosta mais de ...
3. ... o Pedro ... férias na praia.
4. A Luísa não gosta muito de carne, mas o Pedro e o Rui gostam.
5. A Luísa e o Rui gostam de férias na praia. O Pedro adora!
6. A Luísa não gosta muito de férias na montanha.
7. O Pedro e o Rui não gostam de música clássica.
8. O Pedro gosta muito de carne, mas detesta peixe.

51. Comparações

Exemplos de frases possíveis:

O Grande Hotel é mais antigo do que o Hotel Moderno.

O Hotel Moderno é mais recente do que o Grande Hotel.

O Hotel Moderno é mais confortável do que o Grande Hotel.

O Hotel Moderno tem mais restaurantes do que o Grande Hotel.

A comida do Grande Hotel é melhor do que a comida do Hotel Moderno.

A piscina do Hotel Moderno é maior do que a piscina do Grande Hotel.

O Grande Hotel fica mais perto da praia do que o Hotel Moderno.

O Hotel Moderno fica mais longe da praia do que o Grande Hotel.

O pessoal do Grande Hotel é mais simpático do que o pessoal do Hotel Moderno.

O Hotel Moderno é mais caro do que o Grande Hotel.

O Grande Hotel é mais barato do que o Hotel Moderno.

52. É maior do que esse

2. – Gosto deste vestido! É mais comprido do que esse.
   – Eu prefiro o mais curto.
3. – Adoro estas calças! São mais baratas do que essas.
   – Eu prefiro as mais caras.
4. – Que bonitos, estes sapatos! São mais baixos do que esses.
   – Eu prefiro os mais altos.
5. – Que elegante, esta carteira! É mais pequena do que essa.
   – Eu prefiro a maior.

53. Números

A. Quarenta e um euros e quinze cêntimos.

Cinquenta e nove euros e setenta e cinco cêntimos.

Oitenta euros e oitenta e oito cêntimos.

Trezentos e trinta e oito euros e cinquenta cêntimos.

Seiscentos e sessenta e um euros e dezassete cêntimos.

B. 1. O hotel tem cento e quinze quartos.

2. De Lisboa a Faro são duzentos e noventa e nove quilómetros.

3. O dicionário tem cinquenta e sete mil e oitocentas palavras.

4. A escola tem trezentas e oitenta alunas e quatrocentos e vinte e cinco alunos.

54. Já e ainda

A. – Ele ainda trabalha na biblioteca?
   – Sim, ainda trabalha.
   – Ele ainda tem uma motorizada / anda de motorizada?
   – Sim, ainda tem / anda.

– Ele ainda joga basquetebol nos tempos livres?
– Não, já não joga.
– Ele ainda passa as férias no Alentejo / vai ao Alentejo nas férias?
– Sim, ainda passa / vai.

B. – Ela já compreende os programas de televisão?
– Não, ainda não compreende.
– Ela já conhece o Norte de Portugal?
– Não, ainda não conhece.
– Ela já tem amigos portugueses?
– Sim, já tem.

55. Não podemos...
Manuela: Eu não posso, porque tenho de estudar.
Paula e Jorge: Nós não podemos, porque temos de limpar a casa.

pode / tem de ir ao dentista / podem / têm de ir ao supermercado (têm de fazer compras) / tem de / pode

56. Sabe cozinhar?
Respostas livres.

57. Saber ou poder?
1. sabem / podem
2. sabe / pode
3. posso / sei
4. sabes / sei / podemos

58. Conhecer ou saber?
A.

Eu não conheço	os irmãos do João. o Algarve. esta canção. É nova? esse restaurante. Onde é?
Eu não sei	onde está o dicionário. a que horas eles chegam. o número de telefone do Sr. Sousa. jogar xadrez.

B. sabes / sei / conheço / conhece / sabes / sabe / conheces / sei / conheço

59. Analogias (2)

1. de
2. tocar
3. melhor
4. beber
5. quem?
6. quer
7. ir a
8. acabar
9. conhecer
10. para si
11. posso
12. aos

60. Compras

1. Azul-escuro.
2. Cinquenta e nove euros.
3. Tem aqui outro maior.
4. Claro, os provadores são ali.
5. Trinta e nove.
6. Não, é tamanho único.
7. É para oferecer?
8. Sim, mas tem de trazer este talão.

61. O que é que eles vão fazer?

1. O carro vai virar.
2. Ele vai enviar a carta.
3. Eles vão ver o filme.
4. Ele vai comprar o jornal.
5. O rapaz vai comer o gelado.
6. A senhora vai fazer compras.
7. Ele vai entrar no carro.
8. Ela vai atravessar a rua.
9. As crianças vão tomar/apanhar o autocarro.
10. O autocarro vai parar.

62. Preposições de tempo

1. na / à
2. ao
3. em
4. às
5. nas
6. à / de
7. no
8. nos
9. de
10. no
11. em
12. no
13. a
14. no
15. à
16. aos

63. Horóscopo

A Rita vai receber uma visita inesperada. No trabalho, vai sentir-se frustrada e vai discutir com o chefe. Vai ter problemas de estômago.

O Paulo e a Marta vão ter uma vida social muito ativa e vão fazer novos amigos. Vão ter muito sucesso no trabalho e vão encontrar uma solução para os problemas.

64. Planos

Resposta possível:

... vamos sair com a Inês e o Rui. No dia seguinte à tarde, eu vou tirar fotografias para o cartão de cidadão. Na quarta-feira de manhã, vou renovar o cartão de cidadão. Ao meio-dia e meia, vou almoçar com o Lopes. Na quinta-feira, das nove às dez e meia, vou apresentar um projeto. Na sexta-feira, eu e a Patrícia vamos comprar uma prenda para o Luís. No sábado, vamos jantar em casa do Luís. No domingo, eu vou jogar futebol com o Jorge.

Nas duas primeiras semanas de abril, vou fazer um estágio em Lisboa.

No dia 17 de abril, eu e a Patrícia vamos ao aeroporto esperar os meus primos.

No dia 23, às catorze e trinta, vou ao dentista.

No dia 12 de maio, o Luís e a Laura vão casar-se e eu e a Patrícia vamos ao casamento.

Em maio, vou levar o meu carro à inspeção técnica.

Em junho, eu e a Patrícia vamos passar férias no Brasil.

65. Ir a... ou ir para...?

2. ... vou aos Correios.
3. ... ele vai a Lisboa.
4. ... ela vai para Lisboa.
5. ... vão para a escola.
6. ... vai à escola.
7. ... vai a casa.
8. ... vai para casa.

66. Deslocações

Resposta possível:

A minha filha Ana é enfermeira. Ela sai de casa às oito e vinte, de carro, e leva os filhos à escola. Depois, vai para o Hospital. Ela chega a casa às seis menos um quarto. O Paulo e o Luís saem da escola mais cedo, portanto, vêm para casa de autocarro. Chegam às quatro e um quarto.

O meu genro trabalha numa agência de viagens. Sai de casa às nove menos um quarto e vai de mota para o trabalho. Volta para casa às sete menos um quarto.

A minha neta Sónia é cabeleireira. Sai de casa às dez menos vinte e volta às sete e cinco. Vai e vem a pé.

67. Um postal

a / férias / calor / é / perto / vimos / enorme / de / À / saímos / vamos / a / porque / vêm / dias / Vão

68. Ele vem comigo

1. connosco?
2. contigo.
3. com elas.
4. comigo.
5. convosco (com vocês).
6. com ele.
7. consigo.

69. Vamos ao cinema?

querem / à / Hoje / bilhetes / Porque / vens / Prefiro / gosto / de / queres / dia / depois / Está / vamos

70. Verbos cruzados (1)

A.

HORIZONTAIS		VERTICAIS	
1. perco	5. sobe	9. dá	13. caio
2. durmo	6. dou	10. traz	14. diz
3. faço	7. digo	11. ponho	15. ouço
4. faz	8. trago	12. peço	16. subo

B.

1. sobem	5. cai	8. dizes / faz
2. ouvimos	6. dorme	9. trazem
3. põe	7. perde	10. pede
4. dão		

71. É bom observador?

Sugestões:

A Joana toca viola, tem muitos CD, joga ténis, anda de mota, nada (vai à piscina), lê banda desenhada, estuda matemática, come muitos chocolates, tira fotografias, é desarrumada, gosta de viajar…

72. Perguntas (2)

1. Hoje à noite estás livre?
2. Onde vais? / O que vais fazer?
3. Quem é a Rita?
4. Quantos anos é que ela faz?
5. Ela é solteira?
6. Qual é a profissão do marido (dela)? / O que é que o marido (dela) faz?
7. A que horas é a festa?
8. Com quem vais?
9. Como é que vocês vão?
10. A Filipa também vai?
11. Porque é que ela não vai?
12. Até quando é que fica no Algarve?

73. Formular votos

A. 1. Boa sorte!

2. Muitas felicidades!

3. Muitos parabéns!

4. Feliz Natal!

5. As melhoras!

6. Boas entradas!

Eu digo "boa sorte" quando uma pessoa vai fazer um exame, um teste, ou participar numa competição. Desejo "muitas felicidades" a uma pessoa que se vai casar. Digo "muitos parabéns" quando uma pessoa faz anos. Desejo "feliz Natal" no dia 25 de dezembro ou alguns dias antes. Desejo "as melhoras" a uma pessoa que está doente. Digo "boas entradas" no dia 31 de dezembro.

B. 3. Feliz aniversário!

4. Boas festas! Bom Natal!

6. Bom / Feliz / Próspero ano novo!

74. Expressões de frequência

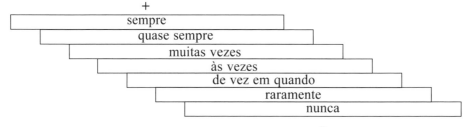

75. O que faz ao fim de semana?

Exemplos de frases possíveis:

A Marta nunca dorme até tarde; faz sempre compras; às vezes dá passeios a pé; raramente visita a família; muitas vezes lê os jornais.

A Sónia e o Zé dormem sempre até tarde; nunca fazem compras; raramente dão passeios a pé; visitam sempre a família; às vezes leem os jornais.

76. Com que frequência?

Sugestões:

1. Eu vejo televisão todas as noites.

2. Eu lavo o meu carro às vezes.

3. Eu vou ao cabeleireiro uma vez por mês.

4. Eu ouço música todos os dias.

5. Eu almoço / janto no restaurante às vezes.

6. Eu faço exercício físico três vezes por semana.

7. Eu raramente ando de avião.

8. Eu estudo todos os dias.

9. Eu vou ao dentista uma vez por ano.

77. Como é que se chama?

A.
1. levantam-se / deitam-se
2. chama-se / chamo-me
3. encontramo-nos / cumprimentamo-nos
4. sentas-te / deito-me
5. atrasa-se / zanga-se

B.
1. se levantam / eles se levantam?
2. se chama / como é que ele se chama?
3. encontram-se / nos encontramos / onde é que vocês se encontram?
4. te sentas / onde é que eu me sento?
5. se zanga / porque é que ele se zanga?

C.
2. Este ano, o meu irmão | levanta-se às 7.30.
6. Normalmente, o Joaquim |
3. Eu sei que ele | se levanta às 7.30.
4. A Joana nunca |

1. Porque é que ela |
5. A senhora também | se levanta às 7.30?
7. Quem é que |

78. Lembra-se?

1. se sente / Sinto-me / se levanta / Levanto-me / faz / se aborrece / Sento-me / vejo

2. lembras-te / Lembro-me / se chama / Chama-se / perguntas / encontramo-nos / me lembro / esqueces-te

79. Alguns verbos em -IR
A.

EU ...

			S	I	G	O				
			S	I	R	V	O			
			S	I	N	T	O			
			V	I	S	T	O			
		R	E	P	I	T	O			
	P	R	E	F	I	R	O			
	C	O	N	S	I	G	O			
		D	I	V	I	R	T	O	-	M E

B.

1. sentes / vestes
2. serve / seguimos
3. consegue / repete
4. preferimos / divertimo-nos

80. A um amigo

mostrar	agradecer	ver
perguntar	oferecer	convidar
escrever	dizer	encontrar
mandar	pedir	ajudar
responder		cumprimentar
a um amigo		um amigo

81. Eu telefono-lhe

1. -te
2. -nos
3. -lhes
4. -lhe
5. -vos
6. -me
7. -lhes
8. -lhe

82. Ele diz-me, ele não me diz

1. envio-lhe
2. te telefona (lhe telefona)
   me telefona
3. empresto-lhes
   me emprestam
4. lhe vão dar?
   vamos dar-lhe

83. Avisos (1)

1. Não entre!
2. Não fume!
3. Aperte o cinto!
4. Pare!
5. Não beba a água!
6. Não vire à direita!
7. Não faça barulho!

84. Diga-me...

2. Diga-me as horas, se faz favor.
3. Mostre-lhe as fotografias.
4. Conte-lhes uma história.
5. Empreste-lhe os seus dicionários.
6. Mande-nos / Envie-nos um catálogo, por favor.

85. Instruções

leia / faça / dê / peça / abra / telefone / diga / venha / veja / vá / se esqueça

86. Partes do corpo

1. pé
2. joelho
3. cabeça
4. costas
5. peito

6. braço
7. barriga
8. pescoço
9. perna
10. mão

87. Os extraterrestres

... e quatro mãos com três dedos cada. Na cabeça, tem três olhos e duas orelhas muito grandes. Tem o nariz e a boca na barriga.

O outro tem só um olho, o nariz e a boca com três dentes muito compridos. Não tem orelhas. Na parte de cima da cabeça, tem um braço e uma mão com cinco dedos.

88. Ginástica

1. Deitem-se. Dobrem as pernas. Ponham as mãos ao lado da cabeça. Levantem as costas.
2. Fiquem de pé. Levantem os braços. Dobrem uma perna e ponham o pé no joelho da outra perna.
3. Sentem-se no chão e estendam as pernas para a frente. Estendam os braços e toquem nos pés.
4. Deitem-se. Levantem as pernas. Ponham os pés no chão, atrás da cabeça.

89. Sintomas

1. febre / tosse
2. os dentes
3. mal
4. de estômago
5. febre / tosse
6. a garganta

90. No médico

1. – ..., dói-me o estômago / Tenho dores de estômago.
   – Não coma muito. Não beba vinho.
2. – Doem-me as costas / Tenho dores de costas.
   – Não levante coisas pesadas. Faça ginástica.
3. – Dói-me a garganta / Tenho dores de garganta.
   – Não fume. Não fale muito.

4. – Dói-me a cabeça / Tenho dores de cabeça.

– Deite-se / Fique na cama. Tome estes comprimidos.

5. – Tenho insónias / Não consigo dormir.

– Não tome / beba café. Dê passeios a pé.

91. Deve ser...

Respostas possíveis:

2. O frasco de perfume deve ser da D. Fátima.

3. A gravata deve ser do Sr. Fonseca.

4. O capacete deve ser do Jorge.

5. O relógio deve ser da Cristina.

6. A bola deve ser do Jorge.

7. Os charutos devem ser do Sr. Fonseca.

8. Os ténis devem ser do Jorge.

92. Avisos (2)

A.

1. Nos produtos alimentares.

2. Nas informações sobre comboios.

3. Nos cinemas ou outras salas de espetáculos.

4. Nas lojas ou qualquer outro local com multibanco.

5. Nos cafés, pastelarias ou estabelecimentos do mesmo tipo.

6. Nos teatros ou salas de espetáculos.

7. Na informação sobre medicamentos.

B.

1. Deve comer (ou beber) antes da data indicada.

2. Tem de reservar lugar.

3. Pode sentar-se em qualquer lugar à sua escolha.

4. Não pode usar o multibanco.

5. Tem de pagar antes de pedir o que deseja.

6. Não pode entrar depois do início do espetáculo.

7. Deve tomar depois das refeições.

93. Poder ou conseguir?

A.

1. consegues
   podes

2. pode
   consegue

3. podemos
   conseguimos

4. conseguem
   podem

5. conseguem
   podem

B.

1. podes / consigo / posso / podemos
2. podemos / Podem / conseguem / podem

94. Frases cortadas (3)

1. Eu arranjei um emprego ótimo.
8. Eu atendi o telefone.
2. O senhor pediu um café e uma torrada?
7. Ele meteu a carteira no bolso.
3. Tu arrumaste o teu quarto?
10. Tu conseguiste responder a todas as perguntas?
4. Nós preenchemos os impressos.
9. Nós combinámos jantar fora no sábado.
5. Vocês deitaram a carta fora?
6. A Júlia e o Zé assistiram ao espetáculo.

95. Uma notícia

assaltaram / roubaram / ocorreu / partiram / entraram / ouviu / chamou / fugiram

96. Teve boas férias?

O Sr. Antunes e a D. Teresa tiveram umas férias boas, mas cansativas. Eles estiveram em França durante duas semanas. Foram de carro e ficaram em casa de uns amigos, em Paris. Eles visitaram a cidade, mas o tempo esteve mau e choveu.

O Zé teve umas férias excelentes e muito divertidas. Ele esteve em Itália e na Grécia. Viajou durante um mês de comboio. Ficou em parques de campismo. Ele foi aos bares e às discotecas e conheceu muitas pessoas. O tempo esteve bom, com muito sol.

Nós tivemos umas férias calmas, mas foram curtas! Estivemos uma semana em Cuba. Fomos de avião e ficámos num hotel. Fomos à praia, nadámos, descansámos... Esteve muito calor.

97. Há quanto tempo?

3. – Há quanto tempo é que ele se casou?
   – Há dez meses.
4. – Há quanto tempo é que ele foi ao Brasil?
   – Há nove meses.
5. – Há quanto tempo é que ele mora em Portugal?
   – Há oito meses.
6. – Há quanto tempo é que ele comprou uma casa?
   – Há cinco meses.
7. – Há quanto tempo é que ele estuda português?
   – Há três meses.
8. – Há quanto tempo é que ele mudou de casa?
   – Há dois meses.

98. Quando / desde quando?

às 11.30 / desde 3.ª feira / na 4.ª feira / às 11.55 / desde as 11.45 / desde as 10.30

99. Qual é o verbo?
A.

1. tomar	2. ganhar
3. perder	4. dar
5. apanhar	6. tirar
7. passar	8. virar
9. ficar	10. partir

B. Respostas livres.

100. O que é que ela já fez?

Ela já fez compras, mas ainda não lavou a louça.
Ela ainda não arrumou a roupa, mas já fez a cama.
Ela já lavou os vidros e aspirou o chão.
Ela já meteu a roupa na máquina, mas ainda não passou a ferro.

101. Verbos misturados
A.

	Presente			Pretérito perfeito		
	eu	ele	nós	eu	ele	nós
Fazer		faz		fiz	fez	
Ir	vou		vamos	fui	foi	
Vir		vem	vimos	vim		viemos
Ver		vê	vemos	vi		vimos
Poder		pode			pôde	
Pôr		põe	pomos		pôs	pusemos

B.

1. viram	4. fizeram
2. puseste	5. puderam
3. vieram	6. foste

102. O diário da Rita

A. Na sexta-feira de manhã, a Rita teve aulas. Chegou meia hora atrasada, porque houve um acidente na avenida. À uma hora, ela foi a casa almoçar. De tarde, saiu com a Susana e fez compras. Comprou uma carteira e um par de sapatos. Às seis horas da tarde, ela teve uma consulta no dentista. À noite, esteve em casa e viu um filme na televisão.

B. No sábado, encontrei-me com a Eva às dez da manhã. Fomos ao cabeleireiro. Depois, fui à biblioteca e trouxe alguns livros para ler. De tarde, saí com o Luís. Nós demos um passeio pela praia. À noite, fui à festa de anos da Sílvia. Vim para casa às quatro horas da manhã!

103. Verbos cruzados (2)

A.

HORIZONTAIS		VERTICAIS	
1. fizeram	5. houve	8. fui	12. teve
2. trouxeram	6. deu	9. pus	13. soube
3. disse	7. quisemos	10. vimos	14. fomos
4. puderam		11. estiveste	15. vim

B. Respostas livres.

104. O Jorge também!

O António fala tantas línguas como o Jorge.
O Jorge tem um emprego tão bom como o António. Ele ganha tão bem como o António.
O António tem tantas responsabilidades como o Jorge. Ele trabalha tanto como o Jorge.
O Jorge tem uma casa tão grande como o António. E tem tantos carros como o António.
O António guia tão depressa como o Jorge.
A Sofia preocupa-se tanto como a Matilde.
O António é tão simpático como o Jorge. Ele telefona tantas vezes (à Matilde) como o Jorge (telefona à Sofia).

105. Quem trabalha mais?

Algumas respostas possíveis:
O Sr. Peixoto ganha menos do que o Dr. Fernandes.
O trabalho do Sr. Peixoto é mais cansativo / monótono do que o trabalho do Dr. Fernandes.
O Sr. Peixoto deve começar a trabalhar mais cedo do que o Dr. Fernandes.

106. Mínimos e máximos

Algumas respostas possíveis:
A carrinha C é a que consome mais.
As carrinhas A e C são as mais seguras.
A carrinha A é a mais silenciosa.
A carrinha C é a que faz mais ruído.
A bagageira da carrinha B é a maior.

O televisor X é o maior. Os televisores Y e Z são os mais pequenos.
Os televisores X e Z são os que têm mais programas.
O televisor Z tem a melhor imagem.
O som do televisor Z é o pior.
O televisor Y é o mais fácil de utilizar.
O televisor X é o mais caro.

107. O cliente difícil
baratíssima / ótima / facílimo / fortíssimo / enorme / quentíssimo / tardíssimo

108. Que gelado tão bom!
Respostas possíveis:
2. Está tanta gente na paragem do autocarro! Que fila tão grande!
3. Ela canta tão bem!
4. Ele é tão gordo! Que homem tão gordo!
5. Está tanto frio! Que dia tão frio!
6. Ele tem tanto dinheiro / é tão rico!
7. Chove tanto!
8. Tantos carros! Que engarrafamento tão grande!
9. Que sítio tão calmo / tão bonito!

109. Um crime
– Não, não teve nenhum problema de saúde.
– Não, não veio ninguém visitar o Sr. Pimenta.
– Não, ele não recebeu nenhum telefonema.
– Não, ele não telefonou a ninguém.
– Não, ele não recebeu nenhuma carta.
– Não, não ouvi nada.
– Não, não vi ninguém.
– Não, não toquei em nada.
– Não, não sei mais nada.

110. Alguns, nenhum

Na figura A:
1. Está alguém a bater à porta.
2. Não há nada no quadro.
3. Estão algumas canetas dentro do copo.
4. Estão alguns envelopes em cima da secretária.
5. Não há nenhum telefone.

Na figura B:
Não está ninguém a bater à porta.
Há alguns avisos no quadro.
Não está nenhuma caneta dentro do copo.
Não está nenhum envelope em cima da secretária.
Há um telefone.

6. Está alguém a beber café.   Não está ninguém a beber café.
7. Há algum café na cafeteira.   Não há nenhum café na cafeteira.
8. Estão três chávenas em cima da mesa.   Não está nenhuma chávena em cima da mesa.
9. Não está nada debaixo da mesa.   Estão duas caixas debaixo da mesa.

111. Não mora aqui...
ninguém / ninguém / alguém / outro / outro / todas / nenhum / vários (alguns) / todos / nenhum / todo / tudo / toda / alguma / nada

112. Ele pendurou-o
A. 2. Ele fez um bolo e comeu-o.
　3. Eu comprei uma revista e li-a.
　4. Ela sentou-se em cima dos óculos e partiu-os.
　5. Tu escreveste as cartas e enviaste-as?
　6. Ela recebeu um ramo de flores e pô-lo numa jarra.
　7. Nós vimos uma televisão em promoção e comprámo-la.
　8. Eles compraram um frasco de perfume e ofereceram-no à mãe.
B. 2. ... mas não o comeu.
　3. ... mas não a li.
　4. ... mas não os partiu.
　5. ... mas não as enviaste?
　6. ... mas não o pôs numa jarra.
　7. ... mas não a comprámos.
　8. ... mas não o ofereceram à mãe.
C. Respostas possíveis:
1. ... as encontrámos.
2. ... leu-o / levou-o / meteu-o na pasta.
3. ... entregaram-na à polícia / guardaram-na.
4. ... bebemo-los.
5. ... a vestiu.
6. ... os compraram.

113. Está a fazê-lo
2. Eles vão abrir os presentes. Eles estão a abri-los. Eles abriram-nos todos.
3. Ele vai fazer os exercícios. Ele está a fazê-los. Ele fê-los todos.
4. Eles vão cortar a relva. Eles estão a cortá-la. Eles cortaram-na toda.

114. Já os enviei
os enviou / Enviei-os / as enviei / marquei-a / os avisei / a receberam / Encomendei-o / os encomendei / os recebemos / Arquivei-as / as arquivou

115. Para ou por?

A.

10. pela janela.
5. por esta rua.
4. para amanhã.
11. para o Algarve.

2. por 75 €.
12. para o João.
9. pela praia.
6. para casa.

3. para estudar.
7. pelo correio.
8. para cortar.
1. por Coimbra.

B.

1. para / pel(a)
2. para / por
3. para / por

C. (sugestões)

1. pela praia / pelo parque.
2. para ir para o trabalho.
3. por esta rua / pela avenida.
4. para ti / ele.
5. para hoje à tarde.
6. por 125 mil euros.
7. pela porta da cozinha.

116. Preposições

A.

2. à minha pergunta.
4. de casa.
5. com o Sr. Silva.

1. de fumar.
6. nesse assunto.
3. no que ele contou.

B. Respostas possíveis:

1. Ele saiu de casa / com a família / para ir ao cinema.
2. Mandámos uma caixa de chocolates / pelo correio / para a Cristina / na segunda-feira.
3. Eles partiram às dez horas / para Lisboa / de carro / com os amigos.
4. Eu comprei um livro sobre Portugal / por 32,50 € / naquela livraria / para oferecer ao João.

117. O telefonema

2. Com quem é que se encontrou?
3. Sobre o que é que falaram?
4. Para onde é que ele vai?
5. Até quando é que ele vai lá ficar?
6. Por quanto é que eles querem vender?
7. A quem é que mandou a proposta?
8. Em que dia (quando) é que começam as negociações?
9. Do que é que está à espera?

118. Analogias (3)

1. pior	5. por onde?	9. tão
2. connosco	6. facílimo	10. -lhe
3. saia!	7. trouxe	11. ninguém
4. houve	8. em	12. como

119. Prefixos

A.

1. in-	5. im-	9. i-
2. des-	6. ir-	10. in-
3. in-	7. des-	11. in-
4. des-	8. in-	12. des-

B.

1. des-
2. des-
3. des-
4. des-

C.

1. des-
2. in-
3. in-
4. des-

120. Uma receita

... cortam-se em quartos. Junta-se o sumo de limão. Aquece-se a manteiga... e salteiam-se... os quartos de pera.
Batem-se os ovos... Acrescentam-se as natas. Deita-se o creme... põem-se os quartos de pera. Leva-se...

121. Avisos (3)

1. Não se pode passar.
2. Não se aceitam cheques.
3. Vendem-se escritórios.
4. Precisa-se de cozinheiro/a para restaurante. Paga-se bem.
5. Dão-se informações.
6. Paga-se na caixa, antes de retirar o carro.

122. O que se fez?

... apresentaram-se os resultados do inquérito, discutiram-se as propostas recebidas, aprovou-se o novo plano de trabalho, selecionaram-se os candidatos ao estágio, alterou-se o plano de férias e marcou-se a próxima reunião.

123. A vida do Francisco

Resposta possível:

Antigamente, o Francisco era estudante e trabalhava à noite num restaurante. Era solteiro e morava em Braga, num quarto alugado. Andava de motorizada. Nos tempos livres, ia ao cinema e praticava desporto: jogava futebol e nadava.

Nessa altura, ele era magro e ainda não usava óculos.

Agora, o Francisco é engenheiro e trabalha numa empresa. Tem uma moradia em Lisboa. É casado e tem dois filhos. Anda sempre de automóvel. Nos tempos livres, vai jantar com os amigos, lê os jornais e joga às cartas. É mais gordo, anda de fato e gravata e usa óculos.

124. Aos dez meses...

1. Aos oito meses, já andavam.
2. Aos dois anos, já usavam o computador.
3. Aos três anos, já tocavam piano.
4. Aos quatro anos, já escreviam.
5. Aos quatro anos e meio, já liam.
6. Aos seis anos, já faziam cálculos matemáticos.

125. Verbos cruzados (3)

HORIZONTAIS
1. queríamos
2. vinha
3. falavas
4. eras

VERTICAIS
5. iam
6. punhas
7. tínhamos
8. moravam
9. faziam

126. Quando era criança...

Algumas frases possíveis:
1. Eu vivia numa grande cidade, mas o Rui, a Isabel e a Beatriz não viviam.
2. Eu e o Rui não gostávamos da escola, mas a Isabel e a Beatriz gostavam.
3. Elas eram boas alunas, mas o Rui não era.
4. Elas faziam sempre os trabalhos de casa, mas o Rui não fazia.
5. Ele tinha animais em casa, mas elas não tinham.
6. Eles liam banda desenhada.
7. Eu e o Rui íamos ao circo, mas a Isabel e a Beatriz não iam.
8. Nós todos andávamos de bicicleta.
9. Nenhum de nós comia a sopa.

127. O que é que eles estavam a fazer?

A. A Susana estava a ouvir música. O João e o Rui estavam a lutar. A Maria estava a ler banda desenhada. O Zé e a Ana estavam a desenhar no quadro.

B. O Pedro estava a deitar o papel no lixo. A Susana estava a tirar os livros da pasta. O João e o Rui estavam a escrever no caderno. A Maria estava a abrir o livro. A Ana e o Zé estavam a apagar o quadro.